优秀的人都是
提问高手

人を動かしてしまうす
ごい質問力

［日］樱井弘　著
杨光　译

中国友谊出版公司

图书在版编目（CIP）数据

优秀的人都是提问高手 / （日）樱井弘著; 杨光译
.-- 北京 : 中国友谊出版公司, 2019.5
ISBN 978-7-5057-4647-3

Ⅰ. ①优… Ⅱ. ①樱… ②杨… Ⅲ. ①提问—言语交往—通俗读物Ⅳ. ①B842.5-49

中国版本图书馆CIP数据核字（2019）第057371号

著作权合同登记号　图字：01-2019-2025

书名　优秀的人都是提问高手
作者　[日]樱井弘
译者　杨光
出版　中国友谊出版公司
发行　中国友谊出版公司
经销　北京时代华语国际传媒股份有限公司　010-83670231
印刷　唐山富达印务有限公司
规格　880×1230 毫米　32 开
　　　8 印张　150 千字
版次　2019 年 5 月第 1 版
印次　2019 年 5 月第 1 次印刷
书号　ISBN 978-7-5057-4647-3
定价　45.00 元
地址　北京市朝阳区西坝河南里 17 号楼
邮编　100028
电话　（010）64678009

已将 10 万人培养为会话达人的沟通专家教你：

让工作和人际关系都进展顺利的发问“必杀技”！

如何通过发问让他人干劲十足地为你办事？

如何让事情进展顺利到让你惊喜？

如何拜托别人才能得到“Yes”的积极回应？

如何让对方在你面前滔滔不绝？

如何让他人自然而然地按你的设想行动？

特别是领导、管理层必看，

让人心甘情愿为你所用！

本书不会让你成为一个多嘴多舌的人。

"大企业的培训中并不会公开，只需一句话就能让事情顺利进展的发问'隐藏技'终于公之于世。"

判断一个人的能力，不是看他如何回答，而是看他如何发问。

——伏尔泰

前　言

人是一种会因别人的发问而改变自己的想法和行动的生物。

听到**“最近顺利吗？”**的发问时，你会对对方产生亲近感。

听到**“有什么烦恼吗？”**的发问时，你会把埋藏在心里的想法吐露出来。

听到**“这样真的好吗？”**的发问时，你会重新对事情进行考虑。

反之也意味着，**熟练运用发问技巧就能够操控他人的行为。**

用**“最近顺利吗？”**发问时，会让对方感到亲切。

用**“有什么烦恼吗？”**发问时，会让对方吐露埋藏在心里的想法。

用**“这样真的好吗？”**发问时，会让对方重新对事情进行考虑。

会使用发问技巧的人，可一下子缩短和对方之间的距离，打探出其不为人知的真实想法，从而能够进一步改变对方的想法和行动。

用**“掌控了如何发问，就掌控了人生”**这句话来形容发问的力量，一点也不为过。

世界上优秀的人知晓发问所具有的强大力量，因此他们会从书本中学习发问的技巧或者从实践中总结经验，在此基础上日积月累，不断修炼。

不过，各位并没有必要跟他们一样辛苦。

写本书的主要目的就在于给各位介绍实用的基本“发问术”。读完之后，你只需根据个人情况加以应用即可。

本书主要由以下几部分内容构成：

- **用发问让人按你的想法行动**
- **用发问打探别人的真心话**
- **用发问让人说“Yes”**
- **用发问一瞬间抓住对方的心**

这些技巧，适用于职场、家庭、朋友圈等多种场合。

那么，就让我们赶快推开未知发问世界的大门吧！

待到读完之时,你的人生必然会发生天翻地覆的变化!

目录

CHAPTER 01

触动人心的发问
一流商务人士和父母教会我们的东西

CHAPTER 02

引出话题的发问

专业记者和采访人教会我们的东西

CHAPTER 03

让对方说出“Yes”的发问术

精明强干的营业员和谈判人教会我们的东西

CHAPTER 04

能在一瞬间抓住人心的发问

向恋爱高手和明星学习

CHAPTER

01

触动人心的发问

一流商务人士和父母教会我们的东西

“和往常相比，现在的你看上去好像没什么精神，没感冒吧？”

01 铸就信赖的绝技

为了让别人老老实实听你所说的话
——你需要在发问中传达你的“爱”来抓住别人的内心

“如果用温柔细腻的言语都无法说服对方，那么用严厉粗糙的话语更是白费唇舌。”

这是俄国作家契诃夫留下的名言。

对于基层之上的管理者而言，多多少少需要以严厉的方式来命令下属，才能让他们在某种程度上听从自己的安排。然而，被命令的一方愿意遵从命令去执行工作，可能只不过是用“不服从命令就会惹上司生气，这很不好”这样的思维方式考虑得失之后得出的结论。

如果此种推断没错的话，被命令的人并没有用心去执行工作。而且一旦积聚的不满爆发，哪里还可能让你的发问达到触动人心的目的？在职场中，这种现象很可能引发员工辞职。

那该怎么办？

当你想要调动员工积极性使其为己所用时，唯一正面解决问题的方法就是敞开心扉，成功获取对方的信赖。一旦构建起此种关系，对方将会老老实实倾听你的建议和劝导，并且按照你预想的方式执行工作。

为了构建上述信赖关系，**平日里就需要在“发问”中向对方传达你的关心和你的爱，**才会达到理想的效果。

例如在盛夏时节，当部下跑外勤回到公司时，你就可以若无其事地问一句：**“今天很热吧。身体状况还好吗？”**还有在孩子浑身是泥回到家中时，你也可以温柔地问一句：**“今天玩得很尽兴吧。没受伤吧？”**

这就是**将你的关心传达给对方的发问方式。**

这种场合下，与其用“最近如何？”这样漠然的发问方式，不如选择像**“之前的面试情况怎么样？”“你家孩子是不是长高了很多？”**这些以前问起过的话题展开对话，才更能充分传达出你对对方的关心。

在对话过程中，发问本身就带有制造话题的功能。以这样的询问打听为契机，说不定会让对方将心中积聚多时的话题一口气全抛出来。

当对方在回答时，用“是这样啊，嗯嗯”这样的方式来附和对方的话语，表现自己作为倾听者的角色是比较明智的。而对对方而言，愿意聆听自己讲话的人也会成为他很好的精神依靠。

按前述方法持续地询问和倾听下去，在不知不觉中通过对话的深入，对方可能会开始向你倾诉他的烦恼和压力，到了这个时候就足以证明你们之间的信赖关系已构建成功。

相信你一定遇到过这样的情况：有时你好不容易鼓起勇气询问了对方的情况，但却收到了冷淡的回应。即使如此，你也完全没必要因此产生不快或急躁情绪。

关键点在于你是为对方着想才去询问他的情况这一事实。这几句饱含心意的话语会让对方感受到你对他的关心和爱护，想必不会有人在体会到这样的关心和爱护时还会刻意破坏彼此的心情。

抓住对方内心的发问实例

◆ 妻子加班晚归，如何抓住她的心？

“最近，你每天都工作到很晚，很累了吧？”

◆ 如何抓住默默工作到深夜的下属的心？

“整天盯着电脑显示屏，眼睛很酸吧？”

◆ 如何抓住离开父母开始一个人生活的儿子的心？

“每天工作都很忙吧？好好吃饭了吗？”

◆ 如何抓住被上司训斥后无精打采的前辈的心？

“前辈也很辛苦呢。有什么我可以帮忙的地方吗？”

“演示结果怎么样？”

“演示时紧张吗？”

02 “心急吃不了热豆腐”，学会运用缓冲法

为了让对方心情愉快地告诉你“结果”
——比起“结果”，应先关注“人”本身

人无意之中都会**倾向于自我本位的发问，**这也是“传达了爱的发问”在我们的日常生活中如此重要的原因。

试想一下公司里的一个场景。

上司将面向顾客的重要演示交给了部下，面对做完演示后回到公司的他，上司自然想知道演示结果如何，这可是和自己的业绩直接挂钩的。

但是，如果这时急于求成，置为了准备演示每晚加班到深夜的部下的感受于不顾，依然用“对方的反响如何？”来发问，则很可能影响部下的情绪，导致其产生“这上司只注重结果，一点都不关心我的感受”的想法。

这样一来，部下情绪受到影响之后，只会敷衍地答复上司。

为了防止这种情况出现，在询问正题之前最好先用**“这**

一周你辛苦了。演示时紧张吗？”这样的话语来做缓冲。

也就是说，将自己的关心瞬间从“事情（结果）”转向“人（部下）”。这种完全站在部下的角度考虑问题的发问方式被称为“部下思维”。

类似的情况在家庭中也常常见到。孩子放学归来，刚在玄关脱了鞋就被问道“考试考了多少分？”，这是一种有些缺乏体谅的做法。

如果孩子考得不错，想快点得到夸奖的话倒也无妨，但要是考得差的话，怎么办？孩子心里充满了类似“又要被大人训斥了啊”等不安的想法（尤其是面对那些平常就只注重问“结果”的家长时）。

况且，孩子在回家的路上很可能已经深刻反省过了。

孩子的心情本身就处于失落的状态，而家长又只注重结果。这样就会让他产生“只有考试拿了好成绩，才能证明自己的存在价值吗？”的想法，会伤害孩子的自尊心。之后父母再用“快去学习！”来督促孩子的时候，会让他产生逆反心而完全听不进去。

遇到这种情况时，要尽快抑制住自己想知道结果的心情，用其他话语做一下缓冲。

可以用“考试时集中注意力了吗？”这样的问题直入

主题；或者先跟孩子聊聊别的话题，等他把书包放下喝口水，在起居室彻底放松下来之后再问考试的事情。

这种细致入微的体谅，就足以让对方对你的印象产生翻天覆地的变化。

为了让对方心情愉快地告诉你结果的缓冲实例

◆ 对分派了任务的部下

让他心平气和地向你汇报工作进展的缓冲

×“喂，什么时候能把资料整理好？”

○“整理资料方面有什么烦恼吗？”

◆ 对放学回家的孩子

让他心情愉快地告诉你考试分数的缓冲

×“全国模考的结果怎么样？”

○“地铁上挤不挤？”

◆ 对刚开始工作的男朋友

让他心平气和地告诉你奖金发没发的缓冲

×“奖金发了没？”

○“工作习惯了没？”

“这件事需要您的领导能力，请务必助我一臂之力，好吗？”

03 “人是由感性而不是理性来驱动的”理论

如何让别人干劲十足地为你办事
——首先要发自内心地对其称赞，使其感动

“猪被夸了都会上树”，这句话看起来不过是一则很轻松的格言，然而用称赞让别人得意忘形，这种战术适用于任何时代。

当然，纯靠口头表扬，无论是部下还是孩子，都很容易看穿你的意图，导致他们失去对你的信任，同时，单靠一味的表扬没法加速部下和孩子的成长。

因此，关键在于找到他身上能让你由衷称赞的闪光点，并用语言坦率地表达出来。

戴尔·卡耐基的传世名著《人性的弱点》中，有这样一段话：

“忘掉自己的优势、需求，试着想想别人的优点在哪里。这么一来，就完全没有客套话出场的必要了。你会自

然而然地真心赞赏对方。（中略）‘发自内心赞成，不吝惜溢美之词’。”

这里的要点在于，忘掉自己的优势和需求。

对部下总是挑剔的上司，其言行背后也有着不为人知的苦衷。比如“自己能做的事情部下却做不了，很烦躁”“不想让部下在业务上赶超自己”，或是“如果不能成为佼佼者，那真是没脸见人”。对于家长而言，可能类似第一种的“烦躁”情绪居多。

优秀的上司再怎么忙碌，也会抽出时间和部下面对面交流。在摸清各人不同的性格、能力、特点的同时，踏踏实实地让部下成长起来。因此，优秀的上司并不会出现焦虑烦躁的情绪，他把一己私利放在脑后，为了能让部下取得比自己更大的成就，会尽可能对他们进行火力支援。

平时养成这样的思维习惯，自然就会在言语的细节处流露出对对方的夸奖。这也满足了部下们想得到认可的需求，促使他们斗志昂扬地投入到工作中去。

《人性的弱点》一书中还有这样一句话：“用人之时，不可将对方视为理性动物，而应该看作感性动物。”这是指人是由感性而不是理性来驱动的。

那么就把私情、私欲忘掉来尽情称赞别人吧。要是找不到可以称赞的点，也可以问问**“最近工作上有什么开心事吗？”**来寻找可供称赞的素材。

在称赞的言语之中，有一句能够激励部下干劲的金句：**“这件工作只能拜托你了。”**如果这话是从平常没有表扬过部下的人口中说出，那么其效力将大打折扣；而如果是从众人敬重的上司口中说出，那么部下就会感到自己的能力得到了认可。同时上司也传达了对他的倚重之意，肯定能将部下的积极性激发到最大。

能让别人干劲十足地为你办事的发问实例

◆ 为能让上司干劲十足地来帮自己完成工作

“就这件事而言，没有人能比部长做得更好。请您务必助我一臂之力，行吗？”

◆ 为能让小孩子干劲十足地来帮忙

“妈妈必须得去医院一趟，家里就只有拜托你这样靠得住的小朋友，好吗？”

◆ 如何让一个团队干劲十足地建立起凝聚力

“你们不觉得这三个月我们取得了不可思议的成绩吗？我为能有你们这样的部下而自豪，最后的冲刺拜托各位再加把劲。”

“是我年纪大了吗？已经有点跟不上 IT 行业的发展了。”

“最近经常看到的 CMS 是什么？”

04 “松下幸之助派”倾听术

如何满足对方渴望得到认可的需求并引出话题
——别耍小花招，不懂的事就老老实实地问

松下的创始人松下幸之助是日本史上最厉害的经营者之一，而他**经常会和部下沟通这一优点也为人们所熟知。**

人居于高位之时往往会萌生出保护自己的地位不受影响的意识，于是容易产生顾虑，并且尽量不将自己薄弱的一面暴露在下属面前。

“要是叫别人知道这事情我也做不了，那很可能会被瞧不起。”

“这事情我不知道。这句话太丢人了，没法说出口。”

类似这样，都是自尊心在作祟。

那么，假如自己的上司用**“这个我不懂，你能教我吗？”**来发问，诸位心里真实的感受又会如何呢？

如果是本身就没有能力的上司这样问你，你肯定会有“果然是个蠢货”这样的想法吧。不过**换作干劲十足又赢**

得大家尊敬的上司发问的时候，你可能只会稍微惊叹一下，“欸，他不懂这个啊”，却肯定不会看不起他。

况且对于松下幸之助而言，在和部下谈话时，他绝不会摆出一副自己很了不起的臭架子，反而**常常一边身体前倾随声附和，一边热心地问这问那。**这就是话术中“倾听”的基本技巧，这样才能源源不断地引出对方想说的话。

本以为上司是高高在上的存在，没想到如此认真地听自己讲话，那么部下想得到认可的需求一定得到满足了吧。更不用说在这时，用**“这件事我第一个想到的就是你啊”**这样的话语充分体现部下的特殊之处，让部下能够在自己擅长的领域更上一层楼，对于后续工作的展开也会产生良好的影响。

类似这样**坦诚向部下请教的姿态必定会得到他对你更高的评价，也会让组织产生更多的活力。**而你本身想得到的信息自然能顺利获取，所以无论对组织还是个人都是有利无害的事。

在家庭中，热衷于子女教育的家长们也不想在孩子面前暴露自己的弱点，他们只想一心扮演“完美家长”。

不过从孩子的角度来看，则处于“腌菜被石头压住”一样郁闷的状态。严重的话，甚至可能导致家庭暴力、孩子离家出走、自残等行为的发生。

优秀的家长会经常坦诚寻求孩子的帮助，或者暴露自己的无知来向孩子请教，打破自己完美家长的形象。

这样做将打消孩子身上无形的压力，同时缩短和孩子之间的心灵距离，从而让家长和孩子的沟通也频繁起来。

满足对方渴望得到认可的需求，引出话题的发问实例

◆ 用发问满足部下想得到认可的需求，打开他的话匣子

“新产品的企划已经推敲过了，但核心目标用户就是你们的同龄人。所以我想听听你们的意见，能否坦率地告诉我？说实话，我现在完全抓不住年轻人的兴趣点。”

◆ 用发问满足女性职员想得到认可的需求，打开她的话匣子

“加美小姐的生日马上到了，我想给她买个生日蛋糕，这附近你有什么推荐的店吗？”

◆ 用发问满足孩子想得到认可的需求，打开他的话匣子

“这次公司的年会上爸爸得表演个节目。最近哪些段子比较流行？”

◆ 用发问满足小孩子想得到认可的需求，打开他的话匣子

“完成得不错哟，怎么做出来的啊？教给爸爸嘛。”

“最近工作情况怎么样？有什么想法都可以跟我说。”

05 问出真心话的“表里一体”法

如何调动部下的积极性
—— 表面询问工作情况，实则想问出他感兴趣的事情

优秀的上司能调动部下的工作积极性，让他们最大限度地发挥才能。因此一开始就有必要掌握部下的兴趣点究竟在哪里。

不过，找出部下的兴趣点并不是一件容易的事情。

比如年轻职员来到上司的办公桌前，上司一开口就问：“说说，你有什么感兴趣的事情吗？”恐怕没有人会老老实实回答吧，即便回答了，也不会是他的真实想法，而是教条式的照本宣科。

就如何问出部下感兴趣的事，我曾经咨询过一家上市公司的前董事，他给出的方法是“酒席交流”。虽然这方法很有人口高峰期出生的那一代人的烙印，但概括他想表达的意思就是**“想方设法让对方处于放松状态下再问吧”**。

从部下的角度看，在上司办公桌前进行的对话属于“正

式对话”，在这种场合就算发问也不会问出对方的真心话。而在酒席或者午休时的快餐店这样的地方，双方均处于放松状态时发问才是合乎情理的方式。

那位前董事推荐的发问模式是，**先把工作近况当作闲聊的谈资轻描淡写地问一问，然后再问出他有哪些不满的地方。**

很多年轻职员对于想做的事并不是那么明确，但问到对哪些地方不满，他们却能一下子抓住重点。虽然也有那些早已断念，即便当上了骨干也不会有一点不满的人存在（笑）。所以说，**人在表达不满的时候接近于他的理想论调，也更加如实地表现了他的性格。**

为了明晰他的理想，就必须问出他的不满之处。

当然也有年轻人被问到想做的事时会认真回答。然而，经验尚浅的职员缺乏整体的大局观，因此不少人提出了令人啼笑皆非的要求（比如“想当总经理顾问”等）。对此抱有期待的同时却得到“这在我们公司不行”的答复，必然会使其灰心丧气，所以，要点在于对年轻人发问时需采取间接的方式。

如何抓住部下的兴趣点，关键在于通过何种手段让他逐步接近自己的理想状态，而并不受限于部下是否具有此种“天赋”。

“**可以鼓励部下按照自己理想的方式来处理眼前的工作，**这才能充分发挥他们的长处，大多数人听到这里眼睛都炯炯有神起来。如果目前工作的评价体系没变，就可以用**‘现在的工作加油干，下一步就有更大的舞台等着你’**这样的话语来尽量具体地把工作意义和前景展现给部下，这种方法又被称为‘胡萝卜战术’。因为如果部下并不知道工作的意义在哪里，那必然会导致工作积极性下降。”

看来我从这位朋友那里得到了耐人寻味的忠告。

调动部下积极性的方法

◆ 在放松的环境里询问近况。

◆ 假装听他发牢骚，实则问出他的不满之处。

◆ 理解对方在表达不满时内心的渴望。

◆ 尽量给予部下和其理想接近的工作。另外，鼓励他按照个人风格来处理眼前的工作。

◆ 提前将现有工作的前景展现给部下。

“工作进展不顺利，能找出主要原因吗？”

06 用 PDCA 促进发问

如何培养对方的改进能力
——用发问引导他“自己察觉”

“我说了多少次，为何还是做不好？”

遭受失败的时候，上司、老师或者家长一定会将这样的话语劈头盖脸地砸向你。面对这样的质问，除了“对不起”，也没有其他的回答方式了。

此种方式对那些恢复能力强的人而言可能是有效的，不过一般人都没有那么坚强，听到这样的话语只会产生自卑心理，并拉远和你的距离。

处在教育领域的人，他的职责绝不是培养出自己的完美克隆人。

教育（education）一词源自于“引导”。如同苏格拉底的弟子们之间的问答一样，**通过发问引导对方的思考方向，从而发挥出个人各自不同的才能。**

培养人才的正确方法就是培养对方能直面问题，并察

觉到“原因”和“解决方案”的能力。

如果对方回答不上来，那就装作一起思考的样子并在不经意中给予他提示。优秀的教导者正是通过这种方式来培养他人从失败中学习和打破现状的能力（商界称为“PDCA”能力）。

比如面对没能履行合同的部下：

“你从中学到了很多吧。有没有想明白对方选择A公司的理由呢？”这样来发问让其思考，找出导致失败的所有因素。

然后用**“那你觉得下次遇到这种情况该怎么办？”**来试着询问他的意见。这里部下要是回答不上来，就可以用**“就我的经验而言，很可能是××的原因。对你分析问题是否有帮助？”**来改变他大脑的思维路径，促使其去“察觉”问题。

不直接告诉他答案的主要理由在于，人一般都想凭借自己的努力去成长，而且这种愿望很强烈（积极学习）。促使对方“自己察觉”将会使他更认真、更专注，进展顺利的话也能帮助他建立更强的自信心。戴尔·卡耐基也说过：**“将命令的口吻变为发问，不光会使人心平气和地接受，还能进一步发挥对方的创造性。”**

面对孩子时，首先，“为什么做不好？”是得不到有效回答的。所以省略这一步，用“该怎么办呢？”让孩子去思考吧。同理，“快收拾房间！”很可能无法让孩子行动起来，而**“房间好乱啊，如何是好呢？”**这样温柔的问法则会让孩子很听话地自觉收拾起来，而且，在重复发问中也会让孩子逐渐培养起独立思考并行动的能力。

没能完成预期成果时的发问实例

◆ 部下未能按预期完成时

×“我很失望啊。下次别这样。”

○“为了今后不再发生同样的情况得好好总结。首先从计划来讲，这个时间节点本来就很难保证吧？”

◆ 发现部下总睡懒觉的时候

×“你最近干劲不足啊，整天在想什么！”

○“这样频繁出状况肯定是有原因的，有没有想过什么解决办法？”

◆ 孩子们为了抢玩具打闹起来的时候

×“你们得一起好好玩才行！”

○“有什么办法能一起好好玩吗？”

“现在老老实实告诉我，是可以把损失降到最小的，愿意跟我说吗？”

07 权衡得失说服术

如何让对方将秘密老老实实地告诉你
——明示他分享秘密的好处

部下或孩子都会经常把一些事情隐瞒起来而不告诉你。

人原本就有隐瞒事实，不将真心话告诉别人的倾向。这主要是因为害怕秘密曝光之后会对自己产生不利，是人们权衡利弊得出的结果。

所以，在对方默认的不利之处中给他展示有利之处，才可能从他那里打探出重要信息。刑侦剧的审问场面中经常会听到这样一句台词："沉默下去可是对你自己不利啊"，就是这个道理。

例如，你已经预计到部下负责的项目可能出现大幅延期的情况，问了好几次他只会用"没问题"来一味逞强。

从部下的心理状态分析：

"老实交代的话，会影响自己在上司心中的评价，可能后面再有重大项目也不会交给我了。”

“只有我才会犯这种过错，上司也对我彻底绝望了吧。”

当头脑完全被害怕所支配时，就会出现上面这些想法。

上司如果察觉到了部下的心理状态，则应该这样教导他：

“我年轻的时候也犯过做事拖拉导致延期这种错误。当时心里在想，会遭到什么处罚啊，想得胃都痉挛了。后来幸亏早点报告给了上司才没有导致严重损失，前辈们也都尽力帮助我弥补过错。那一瞬间，我才开始真正懂得了什么叫作团队合作。如你现在所见，我也没有被开除，所以，把那个项目的实际情况告诉我吧。”

实际上，真要到了火烧眉毛的时候你用“快点给我老实说，你这混蛋！”这样的话来逼问也不是不可以，不过你是否觉察到两者在语感上的区别呢？

你无法推翻对方的价值观，所以你向他展示的好处和可以说服他的素材都必须是“对方不知道的信息”才会有效果，正像这位上司所做的一样。

再回到刑侦剧的例子，嫌疑犯只会这样想：“一旦坦白，就会被关进监狱”，此时你如果告诉他“现在坦白可能会得到缓刑”这样的新情报，就会对他的想法产生很大冲击。

或者拿职场的例子来说，正因为部下坚信“一旦延期，所有责任都由自己来背”，所以只有当你用“没有这种事”来打消他的被害妄想时，才可能让他重新审视现在的处境。

说服对方的素材必须具有相当的可信度才能带来很好的效果。

为了让说服对方的话语更具感染力，用自己亲身经历的事情或从值得信赖的渠道得来的信息去证实，会带来更好的效果。

让对方将秘密告诉你的发问实例

◆ 部下身体状况不佳的时候

“你对待工作的责任感和平常的努力，大家都看在眼里，今天就回家好好休息。谁都不会有怨言的。明白了吗？”

◆ 朋友有烦恼的时候

“别一个人担着了，一起来想办法吧。这时候才需要好朋友啊，对吧？”

◆ 孩子撒谎的时候

“牙好好刷了吗？每天都认真刷牙，牙医就不用给你打针了。”

“最近，提前下班的次数怎么增多了呢？其他人都还好呀，所以我还是希望你打起精神好好干。”

08 牵制说服术

如何间接阻止不正确的行为
——用“委婉暗示”让对方自己加以控制

妻子和丈夫都有可能出轨。

部下也有可能背着自己翘班。

上司也有可能因私事挪用公司资金。

在这些情况发生时，能通过直接逼问解决问题的话自然是好事，对方可能确实是无辜的。

不过，如果对方真的有不当行为，那么面对面指责只会留给他矢口否认这一个选项，最坏的情况是对方可能恼羞成怒，和你彻底抗争到底。

“兔子急了还咬手”，正像这句谚语所说，将对方逼到死角无处可逃时，就很可能演变成一场激战。

所以想要息事宁人时，就采用下面这样的方式吧。

妻子：“最近你怎么回来这么晚？明明没到工作忙的时节。”

丈夫："（吃一惊）……嗯？应酬太多啦，应酬。"

妻子："而且你的表情也变阴沉了，挺奇怪的。"

丈夫："（喂喂……）没……没有那回事。你突然冒出来这几句是什么意思？"

妻子："唉，也没什么，只是有这样的想法。"

在这里戛然而止，不再追问就是我们要讲的重点。

丈夫如果是无辜的话，心里只会想"刚才的谈话是怎么回事？她感到寂寞了吧"，并不会伤及两人的感情。

如果**丈夫真的出轨了，心里就会打鼓，"她是不是抓到了什么证据"，进而感到焦虑，并开始想方设法掩饰自己出轨的事实。**

对于怀有罪恶感又认真的人而言，只需点到为止就能让他产生"就此收手吧"的想法，使他主动想办法去控制事态变化，避免事情往不好的方向恶化。

其他需要使用"委婉暗示"的场所还有：

"委婉暗示有其他公司在询价来诱使对方开出更好的条件。"

"委婉暗示自己要结婚了来榨取经济利益。"

"委婉暗示身体状况不好以获得假期。"

这种方法在各种场景中都可以使用，均是以操控他人为目的的行为。

其中的一部分内容将放到后面再来讲解。

间接阻止不正确行为的发问实例

◆ 认为部下抢走了后入职同事功劳的时候

“为了让工作成果更加透明，最近将和部分人员单独面谈一下，你们觉得如何？”

◆ 部下光玩不干活的时候

“前几天的会议上总经理说过这样一句话，‘我们没有余力雇用对公司做不出贡献的人’。哎呀，好害怕。是吧？”

◆ 怀疑孩子从家长的钱包里拿了钱时

“最近，钱总是莫名其妙地没了，我明明也没买什么大件商品啊。这是怎么回事呢？”

“别生气啦。再怎么生气也对晋升没有帮助。所以，不如试着把自己的想法说出来。”

09 略显狡诈地让对方坦白的技巧

如何引导他说出做过的错事等难以启齿的真心话
——将“坦白”对他造成的不利影响一笔勾销

这招也用了，那招也用了，还是没法让对方老老实实回答。

此时可以**告诉对方，如果坦白的话，可以不计前嫌，**才有可能引导他说出真心话。母亲养育孩子时常常使用的“跟我说说，我不生气”正是这种技巧的体现，当面冷不防转换了对话的大前提。

通过这种方式当面打消孩子害怕惹你生气的心理，让孩子放松警惕，他自然而然就会按你的设想坦白。

如果孩子真的坦白了，那么别忘了用“谢谢你能坦白这些”来称赞他的勇气。

坦白的内容如果性质过于恶劣，你发火也是应该的，但不要忘了发火之前加一句“哎，这事情有点超出我想象啊”。不过，这种做法会损害你们之间的信任，下次用同样的招数可能就不管用了。然而坏事本来就是他做的，确实也得让他好好反省一下。

此外，日常生活中也经常用到一些麻痹对方的谈话技巧，比如：

“你说什么我都不会感到惊奇。”

“我绝对不会笑的。”

“我们说好，对谁都不说。”

这样的例子各位都碰到过吧，所采用的原理都是相通的。

这里的**关键在于找准对方最害怕的地方定点爆破。**上文提及的例子中“生气”“惊奇”“可笑”“被别人知道”就是对方最害怕的。

所以倘若没找准将对方顾虑打消的关键点，那么效果也要大打折扣了。

我从某位书店老板那里听来了这样一个故事。有个中学生偷了店里的东西被发现了，在追问他的家庭住址时，老板跟他说“叔叔年轻的时候也很调皮捣蛋，所以不会生你的气”也完全没有效果，然而当老板说了“我不会把这事告诉警察和学校的，你放心”之后，那孩子就老老实实地交代了。

换句话说，**对于那孩子而言，最大的恐惧不在于“老板的说教”，而在于“给自己的人生留下了污点”。**如何看穿这一点才是关键所在。

我在负责企业的沟通培训时，如果碰到参加人员积极性不足的情况，就会说这么一句：**“有哪位对培训有建议和意见吗？就算说错了，也不会影响各位在人力那里的评价。”**说完之后，会场的氛围立刻缓和了下来。

引出真心话的发问实例

◆ 想让部下毫无顾忌地提出意见时

“除了针对个人的坏话外，你说什么都可以。”

◆ 想问出部下的烦恼时

“你可能认为我只是一个会说俏皮话的老头子，但年轻的时候我也是经历过很多大场面的。试着把你的烦恼告诉我，一定会对你有所帮助。”

◆ 想从在晋升竞争中处于敌对关系的同事口里问出真心话时

“我很佩服你的工作状态，说实话，总经理也在考虑推荐你。所以，今天不如我们推心置腹地聊一聊？”

◆ 孩子选择报考学校举棋不定时

“学费方面，你完全不用在意，就选择你真正想去的学校吧。”

“失败的概率在三成，那么，成功的概率就有七成了吧？”

10 Positive 谈话术

如何让情绪低落的人恢复元气

——用积极向上的发问改变他的思考方向

言语是思考的表现，有烦恼的时候，或是事情进展并不顺利的时候，人会不知不觉采用消极的表达方式。

如果人的头脑被消极画面所占据，那么他的行动、判断和积极性都会因此受到不利影响。而帮助这些人的方法就是，**用积极的言语从积极的角度发问，改变对方的思考方向。**

例如，新员工明明每天都努力做事，却因为没有拿到理想的业绩而烦恼。这种情况各位想必也见过吧，他已经陷入对自己的才能产生怀疑的思维怪圈中了。

新人："前辈，我受不了了。我已经开始讨厌无能的自己了。"

前辈："怎么了，为什么这样想？"

新人："前辈上个月签到了 30 份单了，而我呢，只有 10 份啊。”

前辈：“哎，你着急的心情我能理解。而**为此焦急正是你认真负责的表现。**”（看作优点）

新人：“是这样吗……”

前辈：“正是如此。而且你想想一年前刚从财务调过来的那个月，你拿到多少合同呢？”

新人：“……唉，第一个月只拿到一份合同……”

前辈：“是吧。当时大家都为你担心，不过到现在已经翻了 10 倍了。你不觉得已经是很大的进步了吗？”（让他注意到自己的成长这一事实）

新人：“……也是呢。”

前辈：**“而且我做销售已经 15 年了。要是你只用 1 年就跟我差不多了，不是说明我没有才能吗？”（变换自我评价标准）**

新人：“那不会。”

前辈：“最重要的一点，金融知识是你的优势。作为公司里用数据说话的销售人员，这个工作岗位除了你还有人能干吗？”（将他的意识焦点放在自己的强项上）

新人：“没有了。”

前辈：**“对吧？所以我觉得唯一的衡量标准在于你能**

够向前走多远。你觉得呢？”（最后的叮嘱）

新人：“可能确实如您所说。”

一件事情可以从多种角度来解读，所以用积极的方式来化解对方的烦恼，进一步发挥发问的效力，使得对方的意识也转向积极的一面。当然，这时不仅需要言语，还需要配合愉快的表情和温柔的眼神来达到整体的效果，这才是诀窍所在。

让情绪低落的人恢复元气的发问实例

◆ 对害怕失败的人

“失败率在50%？那也就是说两次里面就能成功一次？”

◆ 对中年离婚的朋友

“又能重新找回青春的感觉了吗？好羡慕啊。”

◆ 对丢掉工作的丈夫

“这不是一个好机会吗？可以重新寻找自己想做的事情。”

◆ 对模拟考试成绩不好的孩子

“关键问题是你在努力争取好成绩。离正式考试还有半年，时间完全够用吧？”

“这次接的项目让公司也松了口气，要不酒会的费用也从项目经费里出？”

11 设法自我肯定

如何改变对方的判断
——给“迷惑”和“烦恼”加上冠冕堂皇的理由

人是容易迷失方向的动物。

虽然人具有可做出合理判断的头脑，但也不能完全值得信赖。因为，**虽然道理大家都懂，但最终驱动人做出判断的却是情感。**

所以，**在理性思考得不到答案时，用“无论结果如何，我的行动都是正确的”这样的话来开导自己并为此找到足够的情理和依据之后，人才能基于此做进一步的行动和判断。**

所谓的情理和依据，可称为“大义名分”。

在著名的“鸟羽伏见之战”中，包含新选组的旧幕府军败给萨摩和长州新政府军的原因之一就在于，新政府军阵中立起的那面“锦之御旗”。

这面锦旗象征着新政府军是天皇的军队（官军），他们这边才是为正义而战；而从旧幕府军的角度来看，对锦旗兵刃相向则意味着他们成了反贼，他们作战的大义名分一瞬之间化为乌有，因此也丧失了继续战斗的意志。

大义名分也可以重新激发踌躇不前的人的行动意志。

比如：

·交涉陷入僵局之时，不知谁说了一句**“这里应该考虑的是行业整体的繁荣，而不是各自的利益得失”。**

·劝诫已经厌烦干杂务的新人：**“这是为了让你早日独当一面的历练过程。”**

·用**“不想在非洲建所学校吗？务必捐款哦”**来打动人。

·用**“不来看看小猫吗？”**这样的话邀请刚刚认识的女性来自己家中做客。

就像以上这些场景，将大义名分使用得当具有改变人判断的能力。

大义名分有瞬间爆发力，但是如果其正当性得不到保证则很容易丧失持久力。和感情相仿，它原本就是容易动摇的。

比大义名分力量更强、持续时间更长的事物被我们称为“信念”。

信念坚定的人不容易被别人施加的大义名分所影响。

如果是“非常讨厌耍小聪明”的人，则不会因你用“为了公司应该……”的言语而动容。如果是“守贞”信念很强的人，就算是小猫也很难打动她的心。

所以说，大义名分无法动摇对方时，则最好能用发问唤起他的信念。

“你的直率每次都让我着迷”，先用这样的话语将焦点聚集于对方的信念上，然后说**“我很看重这一点，所以有个不情之请”**来提出自己的要求，这样离成功就不远了。

如何改变对方的想法

◆ 用大义名分来改变对方的想法

"眼下先忍耐一下吧，这样的经验肯定会成为你的财富。"

"走吧。夫人和公司的晚辈，哪边更重要？"

"你可是班长啊，应该好好跟老师谈谈这件事吧？"

◆ 刺激对方的信念，改变他的想法

"难以想象那么憧憬自由的你也变成了当初自己讨厌的模样。你只不过是在逃避吧？"

"你从小到大一直很憧憬职业选手啊。难道就在这里放弃了吗？"

专栏 从名言解读发问术 1

发问能给予我们一把开启无限潜能的钥匙。

——安东尼·罗宾

人脑中会产生许多杂念，并且我们无法像超级计算机一样同时考虑多件事。

杂念掺杂在一起有时会淹没需要认真考虑的事情，有时会让你对只经过简单思考得出的答案深信不疑，在这些情况下人的潜能都没有得到最大限度的发挥。所以关键问题在于如何消除干扰人的杂念。

安东尼·罗宾说过："得到的回答，是由如何发问来决定的。"

发问很重要，但是提出什么样的问题则更重要。

什么样的问题才算是优质发问？这需要我们做进一步的思索。

CHAPTER

02

引出话题的发问

专业记者和采访人教会我们的东西

“可是，今天好热啊。你不是在热天如鱼得水吗？”

12 缓解紧张情绪的闲聊术

如何化解对方的紧张情绪
——用偏离主题的发问让对方放松下来

从熟识的编辑那里听到这么一个故事，由于他们采访时经常会遇到紧张到僵硬的人，在这种状态下强行采访的话基本上只会得到糟糕的结果。

想想也是。比如自己本来是个普通人，但因为写的一篇博客被电视台和出版社追着采访，那必定会紧张啊。

不知道他们会问自己什么问题，也不知道记者是怎样的人，甚至根本不知道自己在那种场合下能不能流利地讲话。就算平时口若悬河，在那种场合下也很可能结巴。

以我的经验而言，出色的记者、撰稿人、采访者、调解人、主持人都擅长在正式采访之前进行前期沟通。

反之，上述职业的新人在采访时，明明采访对象已经很紧张了，还是习惯性地迅速打开录音笔（当然也有采访前主动找话题闲聊的记者）。

想最大限度地引导对方说出更多内容，一定要充分缓和他的情绪。为此，在**进入主题之前，先通过闲聊缩短心与心之间的距离，并想方设法缓和气氛是非常重要的。**

在对方紧张时选择话题闲聊有两个诀窍。

一个是**尽量远离主题，**这是为了让对方忘记正在接受采访这件事。

另一个则是**尽量询问无法用“是”或“不是”来回答的开放式问题。**这样做也是为了尽量让采访对象做一下“会话热身”，同时也更容易找到共同话题。例如，你来自大阪，在最开始的自我介绍环节听到了对方操起熟悉的乡音，必定会问**“您是哪里人？”。**

采访场面是否缓和下来的判断标准是，以逗哏（发问）为起点的你来我往能否用“会心一笑”稳健收尾。

比如：

“今天从哪边过来？”

“其实就从附近来的。”

“这样啊。”

这就不是一个很好的收尾方式。而且对方会产生“没有默契感”的想法，更是会对采访产生很不好的影响。

至少也得用**“那么每天都能采访您呢（笑）”**来接话吧。

缓解对方紧张情绪的发问实例

◆ 交换名片之后

“其实我看过您的脸书，发现您和渡边认识啊。他是我学校的前辈。”

[收尾实例：“哎呀，世界真小啊（笑）。”]

◆ 访问之前

“您的办公室真整洁，是请了室内设计专家吧？”

[收尾实例：“我们老板可不会重视工作环境呢（笑）。”]

◆ 参加展会时

“会场里有些地方设计得令人匪夷所思。你在这里迷过路吗？”

[收尾实例：“我虽然是男人，但其实方向感差得一塌糊涂（笑）。”]

“今天请多关照。不过，电台主播奈美的声音真好听啊！不是很多人都这样说吗？”

13 阿伦森效应

如何瞬间平缓对方的情绪
——问候过后间不容发地抓住重点称赞对方

我在一个公开研讨会当讲师时发生过这么一件事。当日研讨的组织形式是，由主持人引导各位讲师共同探讨问题。

当日的讲师是我和另一位刚刚以沟通顾问身份单飞的女性。在研讨正式开始之前，我们俩在等候室听候吩咐。

这位年轻女性不愧是专业人士，很擅长与人交流，不过还是被吃这碗饭吃了30多年的我看出了她的紧张。问了之后才知道，她是第一次参加这样的研讨形式。

我们正在设想上台的情况时，当天的主持人从门外走了进来，是一位主持界久经沙场的女性。

精力充沛的她进门的瞬间就把活力带给了大家，尽显魅力无疑。

令我惊叹的事发生在女主持人和新人顾问交换名片的

瞬间。

“我是主持人 ××！”

“我是顾问 ××。请您多多关照。”

“也请您多关照。哎呀，好漂亮！这件连衣裙哪里买的呢？”

冷不防切换到了中年女性寒暄环节。不过，与此同时也看到年轻女顾问的表情一下子舒缓起来。

见面才 5 秒，女性谈话模式全开。

结果，女顾问到了正式研讨环节完全没了之前的紧张感，也足以窥见这位女主持人为何如此受追捧。

无论是谁，都有渴望得到认可的需求。

何况对于女性而言，服装更展现了本人的讲究和品位，突然在服装方面被人夸奖，换作谁都会很开心。

心理学领域中，**把“被素不相识的人夸奖时人的喜悦感会更加强烈”这种效应称为“阿伦森效应”。**

恐怕当时所有状况都在那位女主持人的掌控之内，所以才对处于紧张状态的女顾问出其不意地进行夸奖，瞬间缓解紧张情绪。

当然，不动脑子一根筋地生硬称赞可不是什么好事。

露骨的恭维则会让对方觉得你是一个“十分轻浮的

人”，这样你反而容易失去别人的信任。所以夸奖别人时需要找准“真的很棒”的关键点，才能取得很好的效果。

如何瞬间缓解对方的情绪

◆ 夸奖外表

“说起来，你的身体很紧致呢！在坚持健身吗？”

◆ 夸奖名字

“你的姓很少见啊！在哪个地区比较多？”

◆ 夸奖活跃度

“最近你可是媒体的香饽饽。周围环境也发生大变化了吧？”

◆ 夸奖声音

“真羡慕你有这么清亮的嗓音。”

“这声音让我不由得侧耳倾听。”

“这个人将会踏上怎样的人生之路？他喜欢怎样的事物？他……”

14 兴趣是发问的源泉

闲聊中什么话题都想不出来的时候
——真心对他感兴趣，随随便便都能找一堆话题

我也曾有过会话过程中脑子里完全浮现不出问题的时候。

有这样经历的人应该不少吧。问不出问题，通常来说是由于不擅长沟通导致的。

另外，也有很多人会因为日常生活中“与别人谈话无疾而终”而烦恼。

谈话没有后续和问不出问题的理由大体相仿，绝大多数情况下是由于“和自己没关系”的想法让大脑停止了思考导致的。

提高沟通技巧最关键之处在于“对对方感兴趣”。

不擅长与人交谈的人往往兴趣单一，也缺乏对他人的关心。闲聊时也会觉得大多数问题和自己“没关系”，只会敷衍了事地回答。当被对方觉察到缺乏谈话诚意之时，

谈话也自然就到此为止了。

让谈话如火如荼的技巧有很多，不过，如果你不改变看问题的角度，就算你再多学几种技巧又有何用。

所以需要扩展自己的兴趣爱好，一旦对对方产生兴趣，自然而然地“想了解更多”“想更深入挖掘信息”。

他具有怎样的思维方式呢？

他经历过哪些事情呢？

他过着怎样的生活呢？

他有哪些兴趣爱好呢？

他拥有怎样的梦想？

发问的源泉，正是来自兴趣和关注。

试想一下你初次约会的场景。

面对自己喜欢的人，头脑里完全被对方所占据，从她喜欢吃的食物到未来的梦想，想把所有和她相关的事情在一天里聊个够。这时你肯定不会有“怎么办啊，该问点什么呢……”这样的烦恼。

倒并不是说让你初次见面就一见钟情，变成一个活泼的人，这种情况过于理想化，况且人的性格也不是说变就变的。

不过就算不能一下子改变自己的性格，改变一下思考方式还是比较简单的。“更多地了解他的情况对自己也会有助益，因为他对我可是很重要的人啊”，只需这样说服自己，就能收获很好的效果。

所以下次带着你初次约会时的心情，向对方发问吧。

想不出该问什么的时候

◆ 闲聊时对方说道“我正在经营一家手机游戏制作公司”

“这一行确实很受欢迎，竞争也很激烈吧？”

（兴趣点：正因为是受瞩目的行业，想问一下经营的压力。）

◆ 面试时应聘动机等惯例性的提问结束之后

“顺便问一下你平时有哪些兴趣爱好？”

（兴趣点：挺中意这位应聘者的，想问一下他工作之外的情况。）

◆ 简要询问养育孩子的技巧

“那么您想让您的孩子成为怎样的人呢？”

（兴趣点：这位母亲的思路很独特，想问一下她的梦想。）

“那么，能否简略说明一下贵公司的业务内容？”

15 平稳去除法

如何让谈话平稳展开

——先从对方易于回答的问题入手

对方的紧张情绪稍稍得到缓解，接下来可以展开会谈了。

然而，这并不意味着对方已经做好了谈话准备，越经常谈话的人越会这么觉得。

马拉松选手在比赛刚开始时不会全力冲刺也是同样的道理，因此在开始阶段掌控发问的节奏是很有必要的。

掌握节奏最恰当的方式是在最开始的发问中选择“对方易于回答的问题”。缺乏会话经验和不擅长会话的人，则总倾向于先问“自己最想问的事情”。

偶尔，自己最想问的问题恰好是对方最容易回答的，那就皆大欢喜不用多提。大多数情况下让会话平稳展开的诀窍在于先从对方的角度提问。

就“对方易于回答的问题”而言，有以下几种模式可供参考。

1. 询问“事实”而不是想法

采访的终极目的在于明晰对方的价值观。然而，针对内在的提问增加了回答的难度。一旦最开始的发问受挫，整个采访的氛围很可能也变得尴尬起来。

因此，专业采访人士只会询问对方通过回溯记忆即可作答的“事实”。

2. 询问“现在和过去”而不是未来

对于人而言，谈论未来绝对不是一件轻松的事情。反之，谈论现在和过去比起未来要容易得多。

3. 询问对方熟悉的事情

前文中提到尽量不要触碰“价值观”和“未来”等话题，但是如果对方多次提到这些，那么也可以用这些话题开启最初的发问。

同样的话题多次谈论之后，人的语言组织也会更加顺畅。所以你可以用网络上流行的段子开启发问，即便你早已看过，也要装作没看过的样子来询问对方：“你可能跟别人讲多好几次了，能否再给我说一下关于 ×× 的事情？”

4. 询问对方值得自豪的事情

如果你知道对方爱面子，那就想尽办法激起他的自尊心和自豪感。当然，为了达到这样的目的，有必要事先调查一下哪方面是对方值得自豪的（或者值得高兴的）。

让谈话平稳展开的发问实例

◆ 询问“事实”而不是想法

“你创业第几年了？”

◆ 询问“现在和过去”而不是未来

“你是什么时候想到要从事现在的工作的？”

◆ 询问对方熟悉的事情

“这种商品这次的销量有爆发性的增长，你如何分析此中缘由？”

◆ 询问对方值得自豪的事情

“恭喜您的公司终于上市了。成为庆祝典礼的主角，是一种怎样的体验？”

16 预备知识带来的三大成效

如何进行“有价值的会话”
——事先公布一些信息，让对方认真起来

记者和采访者在采访名人时，都会事先做好万全的准备。比如，拜读对方迄今为止的所有著作，从网络上尽可能地搜集相关的信息，有时候还需要从以前采访过他的记者那里取经，了解一下采访时需要注意的点。

为什么需要如此周全的准备？好处主要在三个方面。

1. 更为省时、高效

对读者而言，一篇采访报道的价值主要在于有限时间内问出了多少有价值的信息，以及是否挖掘出人物不为人知的一面。所以，**事先了解业已公开的信息，能够给新话题和深层次话题节省出更多的时间。**

2. 能源源不断地发问

越了解对方，就越能提出更多的疑问。而且预先搜集了关于对方的信息后，更容易理解采访中对方言语蕴含的真意（例如**“这果然是儿时经历造成的影响？”**），另外，源源不断的发问更有利于推进采访不断深入（**例如“一年前的访谈中您的观点与现在正好相反？”**）。

3. 能让对方认真起来

这是最大的获益之处。

下功夫调研对方的信息意味着你很关心对方的情况，因此只需传达给他这一点就能赢得对方的信赖。

而且，随着调研的深入，你还能一针见血地提出别的记者触碰不到的本质问题。

特别是问到对方多年以来的困扰，或是睁一只眼闭一只眼的事情，他的表情应该会一下子变得痛苦吧，同时他的内心也会认为这次的记者“绝非等闲之辈”而肃然起敬。**在商务场合也相仿，眼下在网络上能够很轻松地获取对方公司的相关信息，对个人而言，也有脸书和推特等社交软件，会谈前可以通过这些渠道充分了解对方。**

熟识的企业顾问说过这样一句话：“去企业参加意见听取会时，最重要的点在于如何提出让对方惊慌失措的问题。”换言之，顾问能否在短时间内指出这家公司的痛处，其得到的评价将完全不同。

尤其是对于平常没什么实际业绩的顾问人员来说，如果不能很快指出问题所在，企业负责人可能也会表现出“这家伙行不行啊”这样怀疑的态度。这样一来，你就更没法得到上层的全力支持了，也更难以获得额外成果。为了避免这种局面发生，你就需要花费很多时间在事先调研上面。

能够进行“有效谈话”的发问实例

◆ 在自己喜爱作家的脱口秀上获得一个问与答的机会时

“老师的书我全部拜读过。印象最深的是新作的结尾部分让我大吃一惊，那个创意是怎么构思出来的？”

◆ 记者在追问丑闻的时候

“我们也做了对证核实，已经明确了这些都是谎言。真实的情况到底是怎么样的？”

◆ 确认同事有了女朋友时

“你昨天那条推特是什么情况？莫非有好事？”

“刚才的表述，全体员工都能够理解吧，有没有更为具体的例证？”

17 主角切换术

如何拓展会话的广度

——从第三方的角度发问，让对方举出具体例证

对方越是口若悬河，你越容易跟着他的步调走。就算有“咦？他刚才说话有些不合逻辑”这样的感觉，但当他的口气具有说服力时也会产生“唉，算了吧”的想法不了了之。

但是**作为职业访谈人，其职责就是建立让人心平气和谈话的环境，同时作为读者、观众和客户的代理人，应尽量多地问出有价值的信息。**谈话本来就是双向的，别让自己成为独奏会的听众。

一位熟识的资深编辑说过，他带新人的时候都会先让他们彻底明确编辑这份工作的出发点：“虽然制作专业又有趣味的书籍很重要，但至少要动一半的脑子来考虑读者的感受。”

接受采访的人自顾自地展开话题很容易陷入自己的世

界里，习惯性地以自己的思维框架和行业常识为基准进行会话。只有当他受到第三方观点冲击和逼迫时，才会觉察到事实“确实如你所说”。

尤其**对于记者而言，“下定义”“逻辑”“事例”“差距”等等都是逼迫对方的有力手段**。以下分别进行解说。

1. 下定义

确认用语解释和名词定义，这种方式在商务场合经常使用。用语和名词意义不明很容易造成误解，所以需要花费一定时间和精力对用语和名词达成共识（例如，**“这里所说的‘公司利益’指的是什么？”**）。

2. 逻辑

确认那些只存在于说话人脑海中，并没有用语言表达出来的内在逻辑。前文中提到的误解也经常由这个原因引起（例如**“为什么会这样想？”“我来确认一下，因为A所以导致了B，是这样吗？”**）。

3. 事例

用具体事例让抽象论、唯心论更容易被人理解。前文括号中解释的就是这里所说的具体事例。而**“比如？”**和**“为什么呢？”**这些寻求具体解释的语句都是很受记者欢迎的。

4. 差异

当谈话内容偏离目标读者的常识之时，用发问对此进行确认。发问之后，读者和采访对象之间的差异就显而易见了，不过对读者而言，这种方式也能引出更具有说服力的谈话内容（例如，**“社会上有和你不同的说法，为什么呢？”“普通人该怎样做才能够跟你一样？”**）。

拓展会话广度的发问实例

◆ 在第三方的立场上询问“用语”定义

“我没有努力学习，实在抱歉。刚才说到的‘例证’的含义是什么？”

◆ 在第三方的立场上确认“逻辑”

“刚才说的话对读者是很有益的，能否在白板上更加详细地进行说明呢？”

◆ 在第三方的立场上引出“事例”

“您所说的法则，有没有运用以后获得成功的具体案例？”

◆ 在第三方的立场上追问“差异”

“老板的习惯我很了解，但为什么一般的上班族就做不到像他这样呢？”

✕“那个……很多人都不能和初次见面的人很顺畅地交谈。实际上我也是这样的情况，一直都很怕生。我常常都在思索这个问题，不知道有什么好办法能改善这一点。这次机会难得，老师能给我提供些建议就好了。”

○“和初次见面的人顺畅交谈的秘诀是什么？”

18 思考聚焦法

确实想听到“答案”时
——将话题集中于一点，让对方思考聚焦于此

“日本作为少子化、老龄化严重的国家受到世界各国的关注。老龄化方面，日本是世界上第一个突破老年人占比 20% 的国家，已经进入了“超高龄”社会。您觉得该如何应对这样的状况？另外，还找不到改善慢性财政赤字经济体制的方法，有什么措施能够应对税收增加、收入减少的状况？”

像这样连珠炮般地抛出问题，会让回答的人很难受。

对方可能做出的回应有以下四种：

· 这些问题想一想都觉得费劲，失去了回答的兴趣。

· 只回答第一个问题，忘掉了第二个问题。

· 对两个问题都只做简要回答。

· 只回答自己觉得好回答的问题。

一流记者并不会同时提出多个问题。由于记者会上会

限定各家的发问次数，所以就出现这样硬着头皮也要把问题都塞进去的现象。

想从对方那里得到详细认真的回答时最好逐个发问，围绕论点让对方的思考聚焦于此，并且发问方式也要尽量简单易懂。

使发问简单易懂的诀窍有两个：

1. 先说重点

把问题放在最前面。问题往往是带有一定背景和动机的，一般人都是从问题的背景开始说起。

但是，**开场白拉得太长会削弱对方的注意力，很可能让对方陷入“这人想说什么呢”的混乱中而焦急不安。**要是写商务邮件时也用这种方式，那客户看到关键问题时思路早已发散，很容易导致漏看关键信息。

2. 简单明了地提问

假如你本想询问对方是否喜欢苹果，结果说出口却是“我觉得您也不是不喜欢苹果，是否有可能把您这方面的想法与我分享呢？”这样模棱两可的话，必然会导致对方思维混乱。

各位看到这里一定会吐槽一句“不会有这样的人吧”，话虽如此，不过在商务场合偶尔真会遇到如此委婉的人。

总之，**发问越简单越能得到详细的回答，发问越复杂却只能得到越简单的回答。**采访时就应该干脆利落地引导话题，一个话题结束之后注意切换到下一个问题。

工作场合也得遵循同样的原则。

确实想从对方那里得到“答案”的发问改进实例

× “我父母好像开始投资理财了，仔细一问才知道，他们折腾来折腾去，不但本金越来越少，还交了不少手续费。我实在是太不放心他们，但这方面我不太熟悉，所以想问问您信托投资到底是怎么回事。”

○ “关于信托投资方面想问问您的建议。说起来，我父母开始把退休金投到信托里了，手续费很贵，我担心入不敷出到时连本金都没了”（先说重点，再简单加以补充说明）。

“今年赢利了吗？”与“今年的业绩如何？”

19 发言量调整术

想控制对方回答的多少时

—— 舒缓节奏时用封闭式发问，拓宽广度时用开放式发问

看上去是同样的问题，但对方回答的话语多少却明显不同。

这就是开放式问题和封闭式问题的区别。

开放式问题指的是给予对方回答自由的问题。封闭式问题指的是回答范围较窄（受限）的问题。

典型的封闭式问题是用 Yes 或 No 来回答的，也包含类似**“棒球和足球你喜欢哪一个？”**这种从选项里做选择的问题。

比如：**“想吃什么饭？”**是开放式的，而**“肚子饿了吗？”**则是封闭式的。

我们在不经意间使用的这两种发问的方法，在会话达人看来，是非常值得研究的，而他们也会在会话中有意识地加以利用。

何时使用哪种发问法的判断标准在于对方爱说话的程度。对方如果口若悬河，则只需一个开放式问题就能打开他的话匣子，从而迅速达成沟通的目的。

然而，世上并不是所有人都爱说话，沉默寡言的人也不在少数。而且如果对方不想暴露自己的弱点并树立起坚固的心理防线时，自然讲话也变少了。

对待沉默寡言的人最有效的方法是使用封闭式问题，这样能减轻对方的负担，也更有可能获得有效回答。

让我们来问问某位男士喜欢什么类型的女性吧。

男士 A：“你喜欢什么样的女性？”**（用“开放式”试探）**

男士 B：“没什么特别的要求……”

男士 A：“喜欢清纯少女吗？”**（他看起来话不多，那么战术调整为“封闭式”）**

男士 B：“不，完全没兴趣。”

男士 A：“这样啊。难道说……你喜欢成熟的姑娘？”**（继续使用“封闭式”）**

男士 B：“嗯。倒也不讨厌（笑）。”

男性 A：“我也喜欢这种类型！你觉得这种类型的姑娘哪些地方会吸引你？”**（心意已相通，使用“开放式”）**

灵活运用这两种发问方式，就能够引导出对方的有效回答。

封闭式发问的难点在于，是发问者一直在引导着会话往下进行，如果封闭式发问持续时间过长，会演变成如同审讯一般。

另外，用封闭式发问需要花费较多时间才能得到你想要的回答。

上面的例子就是一个很好的发问典范，先通过封闭式发问缓和对方的情绪，再使用开放式发问来获取有效信息。

掌握对方回答多少的时候：

“开放式发问”和“封闭式发问”的区别

	开放式发问	封闭式发问
发问一次获取的信息量	大	小
回答的难易程度	对方沉默寡言时：低	对方沉默寡言时：高
	对方口若悬河时：高	对方口若悬河时：高
会话主导权	回答者	发问者

“哇哦，这是在鹦鹉学舌吗……”

20 强制停留法

想更详细了解话题时

——将在意的关键词不断重复

在引导别人讲话时，不可缺少的技巧是随声附和。

用“欸——”也行，只点头不说话也行，都是随声附和的方式。加入它可以使沟通过程更具节奏感，说话人也渐渐口若悬河起来。随声附和就像推秋千一样，在什么样的时机给予说话人喘息是很关键的。

发问中不可或缺的随声附和技巧便是“鹦鹉学舌”。

鹦鹉学舌指的就是将对方说出的关键词原模原样地重复一遍。

通过鹦鹉学舌，你可以向对方传达对于谈话内容的惊叹和关心，暗示对方**“刚才说的话让我眼前一亮！我想听听更具体的情况”**。

无论采访还是平常会话，都可以用鹦鹉学舌的技巧表达你想了解更具体情况的意愿，而不用特地说一句“请把刚才的话题更具体地展开一下”。

运用实例如下：

对方：“我最近在关注食物损耗。法国近日也通过了相关法案呢。”

我：“食物损耗？”（关键词鹦鹉学舌）

对方：“对。为了能够有效利用有限的资源，发达国家倡议必须减少食品丢弃。而且世界人口还在不断增长中。”

像这样通过重复“食物损耗”这一关键词，能够进一步引导对方讲出相关的见解。

发问即是诱导对方思考的过程。不会有人听到别人重复“食物损耗？”的时候还在考虑自己周末的安排吧。换言之，只需**通过鹦鹉学舌，就可强行将对方的思维固定在当前话题上，防止他思考到别的地方去。**

大体意思就是如此。

在上面的会话实例中，如果你对于“法国的法案”的情况并不了解，那么也可以用“法国？”来反问。

这样一来，对方的头脑关注点就落在法国的法案上，自然就会唤起相关的记忆，然后将更为具体的情况介绍给你，“你不知道吗？法国通过了禁止大型超市废弃滞销食品的法案哦。”

不过，**对有些谈话对象而言，你抓住无关紧要的词语鹦鹉学舌反而会影响谈话氛围，还请特别留意。**

想更详细了解话题时的发问：

○ 正确的鹦鹉学舌实例

“昨天的足球赛，真看得人热血沸腾。真没想到 10 分钟连进 3 球，上演了大逆转。”

“连进 3 球！？”（或者说“10 分钟？！”）

“是啊，很了不起哦！哎，不到最后一刻绝不能轻言放弃呢。”

× 响应点完全偏离的鹦鹉学舌实例

“昨天我去了涩谷的美容院，看到了一位长得和男演员 ×× 一模一样的美容师！”

“涩谷？！”

“……嗯。下班以后去的……”

“那时，别人是怎么看你的？”

21 城墙突破法

想了解对方的性格喜好时

——询问那时的心情让他自然而然吐露心声

会话时应该关注的地方在于对方的内心，这样才能更好地了解对方。

一旦**开始了解对方的价值观、性格、思维方式、平常不会提到的失败经历和弱点等内容时，其人物形象也就跃然纸上了。一流的采访者十分擅长引导采访对象展现其内在，**而这种技巧是可以通过学习获得的。

回想一下我们的日常会话，当我们在和关系不是很亲近的人进行会话时，聊的往往是一些无关痛痒的话题，反之，在和亲朋好友谈话聊天时，则会谈论彼此的烦恼和梦想之类比较深入的话题。

采访时也一样，得想方设法进入对方的内心来获取具有更高价值的信息。

但是，从人的本性来说，轻易和对方探讨其内心领域的话题，往往是会被拒绝的。

也许把人的内心比作被好几道城墙所包围的中心主城更容易理解一些。主城就是指“不能轻易告诉别人的领域”，而城外则是“跟谁都可以开放的领域”。

而且，各道城墙上都开有城门，人会根据与对方之间的心理距离以及当时的心情来决定城门是开启还是关闭。

就像前文中写到的一样，想让城门开启不可或缺的条件就是信赖关系的构建。如果信赖关系并未构建成功，就算记者再怎么说“这是读者们很想知道的事”，对方也不为所动，甚至会用“可是我并没有非要回答媒体所有问题的义务”这样的理由来拒绝。

所以，在会话的前半部分最好用确认事实等对方不易抗拒的手段来加强彼此的联系，慢慢将城门打开来逐渐接近其核心部分，这是让对方吐露真心最有效的方法。

应该留意的是，**当对方将要敞开心扉之时要集中精力听他讲话，因为现场的气氛以及当时的心情都会轻易左右内心大门的开启与关闭。**

如果对方当天心情不错，对问题来者不拒，原因可能是会面或采访之前他刚巧接到一份大订单而心满意足，也可能是之前刚好吃了一顿美味大餐。不过，经常也会出现上一次采访毫不费力地就能聊一些深入的话题，这一次对方却又树起坚固心理防线的情况。

所以说，好不容易打开城门却不乘胜追击，反而只在城外搜集本已开放的信息，实在是浪费机会的一件事情，那些城外的简单问题只要通过简短交流就可以解决。

想了解对方的性格喜好时的发问实例

◆ 想了解对方价值观时的“必杀发问”

“那时，别人是怎么看你的？”

“为什么会被这样对待？”

“对你而言，理想的状态是什么样的？”

◆ 想了解对方人性方面的“必杀发问”

“有没有想要放弃的时候？”

“什么时候会烦恼？”

“停滞不前的时候会如何处理？”

“真的是这样吗？我反对。”

22 诱导对方到自家场地作战

想和对方深入讨论时

——敢于和对方唱反调，让他打开话匣子

日本朝日电视台从 1987 年开始播出的《从早晨开始的电视直播》节目，长期以来都具有很高的人气，这完全归功于十分擅长应对嘉宾的主持人田原总一郎先生。

一般的主持人都会把自己置于中立地位，田原先生则会毫不犹豫地说出自己的观点，无论对方是如何厉害的大人物，他都能直言不讳。

而且，为了引出对方的真心话，田原先生的发言模式往往是提出与嘉宾完全相反的观点，这必然会导致争论进入白热化。

人在感性之时会变得口若悬河。

这种通过反论挑衅对方来引出真心话的技巧，虽然运用起来很难，但却是最有力的手段。

使用这种技巧是有先决条件的，首先挑起争论需要对自己的知识储备很有信心，其次需要发问人具有很强的叛逆和挑战权威的精神。

对普通人而言，当然会产生“唱反调会影响对方的心情，要是因此导致节目被砍，该如何是好？”“要是争论败下阵来，该怎么办？”这样的担忧。

但并不是说职业记者无论面对何种对手都能当场将其驳倒，大多数情况下，他们的目标只是将对手置于感性模式下引出他的真心话而已。

用上一节中城墙的例子来讲，如果对方城门紧闭坚守不出，我们至少先得攻占所有城外区域后再考虑进攻城内，不要妄图“一口吃下一个大胖子”。

所以当对方反应强烈时，要懂得适可而止，这才是一流记者应具备的素质。**要做到在陷入困境之前及时抽身、改变话题，则需要足够强的洞察力。**

如果对方是比你身份地位高很多的人，或是你无法驳倒的人，你可能没法直接从正面提出反论，那么应该放弃自己组织语言而去借用别人的看法帮助你说明问题。

- **“上司不能接受这一点啊。怎样说服他呢？”**
- **“人们对于这种方法持排斥意见的居多吗？”**
- **“×× 先生完全是另外一种意见，你怎么看？”**

像这样不以自己的意见为前提，借助别人的看法引开对方话锋的方法用起来十分简便，不但不会置你于险恶之地，而且也更容易问出对方的反对意见。

想和对方深入讨论时的发问实例

◆ 使用第三方的意见提出反论

“刚才您的发言恐怕会招致反感。考虑到消费者的感受，他们恐怕会认为这样是……，您怎么看？”

◆ 称赞之后提出反论（Yes But 法）

“果然是很有深度的话语。不过，我担心这些话并不会让时下的年轻人产生共鸣。”

◆ 先让对方从一般论上肯定，然后再提意见

“原来如此。但是你不觉得看人要从很多方面来看吗？”

“是的。”

“那么，把刚才的思维模型图表化，感觉还是折中一下比较好，你觉得怎么样？”

“也就是说，总经理认为这个行业的固有模式已经落后于时代了？”

23 具体化和抽象化

想为“实用”争辩时

——将语言抽象化后再进行整理，更容易拿出具体案例

虽然第 17 节讲到“从第三方的角度发问，让对方举出具体事例”，不过会话时不少人仅会谈论一些具体的内容，尤其对那些缺乏战略眼光和实际经验的商务人士来说更为明显。

遇到这种情况，**问话人可以用“也就是说……”来归纳对方话语的要点，将话题抽象化，提高对方看问题的层次。**

公司内部的意见听取会上经常出现这样的对话吧：

上司：“老板想让大家提出好的点子来提高公司的生产效率。你们有什么想法吗？”

部下 A：“现在的时代，定时上班已经有点不太合时宜了。像我就是夜间活动类型。”**（具体提案）**

部下 B：“我想要一间转换心情的休息室。弄个咖啡

厅就很不错。”**（具体提案）**

上司：“也就是说，建立让每位员工都感到舒适的工作环境？”**（抽象提案）**

部下 B：“对，没错！说一千道一万，是工作风格的问题。在休产假的 C 小姐也说过，‘把开会放在正常上班时间之外让人没法好好照顾孩子’。”**（从抽象概念中得出的具体提案）**

上司：“原来是育儿措施啊。那之后把有需要的员工召集起来开个意见听取会，正巧关于工作效率方面也想听听大家的意见。”**（新的抽象提案）**

部下 A：“要说提高工作效率，首先得更新电脑。现有的电脑运行速度太慢了，请尽快给大家购买最新的设备吧。”**（基于新抽象提案的具体提案）**

两位部下最初提出的意见原本是非常个人化的具体提案，意见本身没什么问题，但缺乏足够的理论支撑，因此是不能直接原封不动地汇报给老板的。

所以在这里要运用“也就是说”，使谈话内容抽象化，从而理清脉络。

用金字塔图形来解释的话，“引入弹性工作制”和“设置休息室”为并列关系。在它们上层的是“建立舒适的工作环境”。

把谈话内容抽象化、拔高看问题的层次之后，就可以从“育儿措施”这个提案中得到“禁止在正常工作时间外举行会议”这样新的主意。

更妙的是，这位上司通过抛出“提高工作效率”这一新的抽象提案，引导部下提出了具体建议。

下图中，纵向表示具体化和抽象化之间的相互转换，横向表示众人提出的具体提案。

如图所示，**有这样一个如同指挥塔一般十分自如地控制谈话流向的人，那么讨论的气氛就自然热烈起来。**

具体化和抽象化的流向

（将文中的公司内部意见听取会图表化）

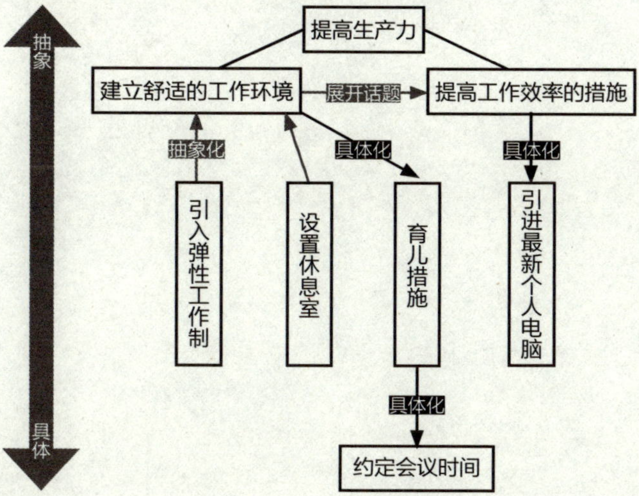

“我的想法是……佐藤部长，您有什么意见吗？”

24 建设性会议推进法

在主持多人会议时
—— 基于集体心理来掌控讨论

多人会议的主持人，必须用发问和抛出话题来推进会议进行，这和一对一谈话时在发挥空间上是有很大差别的。

这种场合经常出现参会者不怎么发言的状况，尤其是议题沉重的时候，或者组织内部沟通不畅时，更加具有这样的倾向。如果想要听取更多人的意见，或是想让讨论的气氛热烈起来，就需要牢记如下所示的三个要点：

1. 想听取众人意见时，让大家举手表决

一般能想到的不爱发言的理由无非是要么不擅长在众人面前讲话，要么对自己提出的意见没自信，还有就是人际关系造成的压力。

此时，可以**通过所谓的“班会形式”让大家举手表决来汇总众人的意见，这样可行性明显高很多。**

举手表决的关键点在于需要切合主题提出“赞成还是

反对”“A 提案还是 B 提案”这样的选择（封闭式发问）。

比如公司会议，会是这种感觉吧。

“关于本议项，想通过大体赞成、大体反对、弃权三个选项来探询一下议题的具体走向。顺便说一句，投弃权票的人，一会儿我会专门听取你的意见。好，那么投大体赞成的人，请举手。大家请务必选择一个选项举手。”

使用这种方式时，关键点在于要事先揣测参会者的心理状态来对症下药，促使他们表达自己的意见。

2. 想询问具体意见时，对关键人物进行开放式发问

如果**有愿意和你交流意见的关键人物在场，就可以专门针对他提问。此时可以多多使用开放式发问来多引出一些谈话内容。**

总之，形式是灵活多样的，你可以在大家表明立场之后再听取关键人物的意见；也可以先听取关键人物的意见，在其立场能被容许的情况下，主持人可将其意见陈述给大家听，再发起班会形式的表决。

一旦将具体的意见摆到台面上，以它为引子的讨论也将热烈起来。

3. 注意集体心理的影响

讨论气氛热烈时，很有必要重视集体心理的作用。

例如，第一个发言的人的意见往往会被大家重视，导致其他选项被众人视若无睹。**这种现象称为团体极化，会导致众人的判断力被现场的氛围所吞噬。**如果继续这样会导致讨论不充分，这时候就需要用一些措施让参会者的头脑暂时冷静下来。比如，特意向持有反对意见的人抛出话题，主持人自己陈述反对意见等。

主持多人会议的时候：

·用宽泛的问题向关键人物施压，从而引出分论点的案例

“参会者中有谁在使用电子烟，请举手……啊，那么我想问一下那边的男士，您转而使用电子烟的契机是什么？”

·对应议题选择不同关键人物的案例

“下一个议题属于人事管理范围，所以我想问一下加藤专务的意见。”

·用主持人的意见抛砖引玉问出个人意见的案例

“爸爸觉得温泉旅行很不错，但还是想听听大家的意见。妈妈怎么看？”

专栏　从名言解读发问术 2

判断一个人，不是看他如何回答问题，而是看他能提出什么问题。

——伏尔泰

人对于问题的回答是会随着成长和环境的变迁而发生改变的。

例如，假设有人一直在思考“如何为社会做贡献？”这个问题。他学生时代的回答也许是“多参加志愿者活动”，等到他步入社会以后可能答案就变为“开发能够让生活更加便利的产品”，到了他退休以后可能就变成了“将自己的见闻留给后世”。

但是，只有像“如何为社会做贡献？”这种志存高远的问题才带有普遍性，更多的问题带有各人的特殊性。

因此，只有从发问才能看出一个人最内在的价值观和人生观。

反过来说，通过发问来触动人的时候，别人也会通过你发问的水平来评价你。

CHAPTER
03

让对方说出“Yes”的发问术

精明强干的营业员和谈判人教会我们的东西

“今天《日本经济新闻》的头条看了吗？”

25 准备故事法

想让对方打开心房的时候
——从闲聊开始慢慢深入主题更容易说服对方

遇到对方摆架子的时候，即使己方把要求和盘托出，交涉也难以顺利推进。所以刚见面时还是先从闲聊入手徐徐图之比较好，这一点在书中也多次提到。不过，如果刚开始的闲聊和之后提出的要求之间反差越明显，则越容易让对方“重新摆好架势”。所以，不能给对方类似“那么，我们该进入正题了吧”这样的明确信号，使他警惕起来。

当然，双方兴致都很高也愿意快点进入正题的话，则不必拘泥于这一点。

如果换作在经营会谈场合，自己单方面提出要求时又该怎么办？**一旦给了对方明确信号让他重新摆好架势，对方也会幡然醒悟，意识到“终于进入劝说模式了”，从而进一步加固心理防线。**这样一来，恐怕好不容易建立的良好沟通氛围将瞬间化为乌有。

为了防止这种情况的发生，优秀的谈判人员是不会在中间给予对手喘息之机的，他会从闲聊开始不知不觉就切换到经营层面的会话。

说起来闲聊本身就是不断将话题联系起来的过程，在这个过程中也不断产生新的变化。**会话达人的做法是：在客户尚未觉察之时，有意识地利用话题之间的联系将其逐渐引到正题上，之后再补一句“话题怎么会跑到这里了呢？”来表现自己的无辜。**

下面以夫妻之间的会话为例具体说明。

妻子：“今年夏天感觉会很热啊。”**（以“夏天”为主题闲聊）**

丈夫：“真的吗？啊……那今年可要去海边玩个痛快……”

妻子：“是啊。但我对自己的身体没有自信，所以兴趣不大……”**（在“体形”上展开话题）**

丈夫：“你是说体形方面？放心吧，别人不会看到的（笑）。”

妻子：“不过，体形还是匀称一些比较好吧？”**（在交涉中占据上风来引导对方发言）**

丈夫：“嗯，确实是。”

妻子：“是吧……说起来，我还有张美容美体的打折券，可以去一次吗？”**（进入正题）**

例子中的妻子，事先就计算好了会话的走向。

从正题“美容”反推，最后选择了“夏天”作为切入点。她采用的就是第23节中介绍的抽象化方法，即在话题金字塔图形中自下而上反推（美容→体形→泳衣→海或游泳池→夏天）。因为若是从夏天一下子跳到体形和皮肤的话题，太容易被看穿，而选择相距较远的话题联系到正题上又太花时间，所以需要找一个距离合适的话题作为切入点。

擅长交涉的人事先能很快规划好这些故事并做好展开。而且，正因为头脑中早已构思出话题金字塔图形，就算丈夫用“夏天→山”来展开话题也不用着急，只需加一句“海边的诱惑也很难抗拒吧？”对话题轨道进行修正（横向展开）即可。

若无其事地推销人寿保险时：

· 事先构思的故事展开：

恋爱 → 结婚 → 家人→人寿保险

男性 A：“可你很帅啊，异性缘一定很好。”**（从恋爱桥段聊起）**

男性 B：“哪有哪有，而且我已经结婚了。”

男性 A：“那真是失礼了！想必您夫人也很漂亮吧。有孩子了吗？”**（自然而然展开话题）**

男性 B：“有个儿子。”

男性 A：“莫非他已经进 Johnnys 事务所（杰尼斯事务所，日本的偶像孵化公司）了？（笑）”**（抛出这个梗是为了打探孩子的年龄）**

男性 B：“没有没有。他才 3 岁。”

男性 A:“3 岁可是孩子最可爱的时候！冒昧地问一下，铃木先生今年多大了？”**（利用年龄的联系询问对方的信息）**

男性 B：“43 岁，说起来确实有些晚婚晚育。”

男性 A：“这样算起来等到您儿子成人的时候您也……”**（让对方浮现自己晚年的光景）**

男性 B:“我也 60 岁了，得加把劲好好活下去（笑）。”

男性 A：“您没问题的。不过这也是 20 年后的事情了，所以确实得好好考虑……”**（转入正题）**

“能拜托你帮我买点东西吗？”

“这样啊……那么你帮我打扫下浴室，行吗？”

26 Door in the face（让步交涉术）

拜托别人做事的时候

——先放出干扰项，然后再挑明真正的意图

想让对方接受自己的要求时，常用的一种经典方法便是被称为“door in the face（以退为进）”的让步交涉术。

直接提出 X 要求有可能被拒绝，那么就提出比 X 更难以被满足的 Y 要求来让对方先拒绝一次，之后再提出 X 的时候就会带给对方“这点小要求总该满足我吧？”的感觉，对方往往就能很干脆地答应下来。让步交涉术其实属于人心诱导术的一种。

在职场上运用时大概是这样的：

同事 A：“我说，能帮我寄这么一大堆东西吗？”

同事 B：“啥（笑），这看着有点可怕啊。”

同事 A：“那下周能代我……到巴西出差吗？”**（要求 Y）**

同事 B：“那可是地球的另一面啊（笑）。不行啊，下周已经约了好几个很重要的会面。"

同事A："我想也是。啊，糟了。其实呢，有份资料要整理，但我还没动，等出差回来就到deadline（截止日）了。你能帮我整理一下吗？"**（要求X）**

同事B："嗯……唉，没办法。整理资料的话，我可以帮你。"

实际上，这种技巧在心理层面钻了好几个空子。

首先，用"代替去海外出差"这样胡说八道的干扰项，给对方一种错觉：真正的委托"整理资料"与其相比显得没什么大不了。

其次，对方在拒绝了你的要求之后，会产生一种"补偿"意识（关键点在于当对方拒绝了你最开始的要求时，尽可能地展现出悲伤和惋惜的样子）。

再次，展现出用自己让步的姿态迫使对方不得不让步。

最后达到了一石三鸟的效果。

需要注意的是，**和对方的关系没那么亲近的话，不要在刚开始就提出过于夸张的要求。**

例如，商务交涉时突然提出不着边际的要求，会让别人觉得"这公司没有诚意"，从而很可能导致交涉失败。还有，在街角募捐时用"把钱包里的钱都给我！"和别人搭话，那简直像是在恐吓。调整好真正交涉内容和干扰项之间的平衡是十分重要的。

由于“door in the face”交涉法威力过于强大，所以在外交场合或企业间谈判时大家都会有所防范，即往往会被熟悉此道的对方看破导致效果大打折扣。不过放在日常生活层面上还是相当有效的，今后应该还会继续被人们所使用吧。

拜托别人时的发问实例

◆ 想让别人快点做完工作时的让步交涉

上司：“数据统计的工作，能在明天之内完成吗？”

部下：“欸？真心做不完啊……”

上司：“确实困难，对不住了。但三天之后能完成吧？”

◆ 想稍微压压价格时的让步交涉

负责人：“报价单我已经看过了。能再低100万日元吗？”

销售：“不行不行。那样的话本公司就得自掏腰包补差价了，恕我不能接受。”

负责人：“原来如此……不过至少得把消费税部分给免了吧？”

◆ 想防止孩子沉迷游戏时的让步交涉

父亲：“从今天开始，不准在家里玩游戏机！”

孩子：“坚决反对！！”

父亲：“那么你能保证一天最多只玩一个小时吗？”

“帮我把邮件投递了没？啊，对了，可以的话，顺便帮我去便利店买下吐司面包和牛奶吧。”

27 Foot in the door（分阶段提要求）

想拜托对方好几件事情时

——以简单的事情为突破口，将自己的要求逐个托出

和"door in the face"交涉术正好相反的是名为"foot in the door"的交涉术。前者是从荒唐的干扰项开始慢慢让步，**后者则是从容易接受的要求开始向上爬坡。**

面对那些突然闯入你生活的销售员或者电话推销人员，你自然会提高警惕。所以对从事这种职业的他们而言，必须在交涉之前先让对方接受自身的存在，否则对话是没法往下进行的。他们常用的话语**"绝不会占您太多时间。三分钟，啊，给我一分钟时间跟您聊聊就够了"，也是为了让你更容易接受"只要一分钟就行"这样的要求。**

一旦给予这些话术专家说话的机会（处于 foot in the door 的状态，即"把脚卡在门缝的状态"时），实际用去的时间可绝不止一分钟。

见有可乘之机时，他们将提出**"至少也看看商品目录**

吧！”这样的要求，努力让你跟他们签合同。

人都有这样一种倾向，接受了对方一次，后面就很难再说 No（一致性原理）。在快餐店确认完点的餐后，服务员往往紧接着问一句“想来点咖啡吗？”，这就是利用了一致性原理的销售技巧。

“Foot in the door”交涉术也是对人的心理加以利用的一种技巧。

日常生活中，我们也会不经意地使用它。

夫人：“亲爱的，能帮我把餐桌上放着的报纸拿过来吗？”

先生：“为何让我去拿？”

夫人：“因为你离得近啊，差不多 90 厘米的距离。”

先生：“拿你没办法，我这就去……”

夫人：“说起来，不是有句话叫作‘帮人帮到底，送佛送到西’吗？你顺便把浴室热水器关一下好吗？”

先生：“……真是，净指挥别人了。”

这个例子也是很出色的交涉技巧。**人在迈出第一步的时候总是很艰难的，不过一旦开了个好头，那后面顺势再去解决其他问题就容易得多。**

有好几项工作要分配给部下时，如果一股脑地全告诉他，那必然会给对方带来很大的心理负担。为了防止这种情况发生，应该特意先把最容易的工作交给他，之后用“顺便再去”来补充要求，这样往往更容易让对方接受。

当然，你也可以像那些不期而遇的推销人员一样，为了让对方接受你真正的要求，先提出“只和您聊一分钟”这种虚构的要求。

想拜托对方好几件事情的发问实例

◆ 想和正在忙的上司仔细商量事情的时候

部下："部长，能耽误您三分钟时间吗？"

上司："什么事啊？"

部下："其实呢……（简明扼要地介绍课题情况）听说部长对这个领域很熟悉，能否给我些建议呢？"

上司："原来是这样啊。那么午休的时候你再过来一趟，我们边吃饭边聊。"

◆ 有几件杂事想拜托部下做时

上司："山田，能帮我把这些文件送到总务部吗？"

部下："您放心好了。"

上司："谢谢……啊，顺便把打印机的墨盒换一下，另外下周有新员工要来，拜托把他们的电脑安装好。"

“虽然贵公司不愿意降低期望金额，但本公司还是会让天才工程师来主管这个项目。这样您觉得怎么样？”

28 “好消息，坏消息”理论

想消除对自己不利的因素时
——先说坏消息，再说好消息

“我有一个好消息和一个坏消息，你要先听哪一个？”

各位被这样问时，会选择先听哪一个呢？

关于这个问题，加州大学河滨分校的两个博士生（Angela Legge 和 Kate Sweeney）进行了一番很有意思的研究。

根据调查的结果，**“愿意先听坏消息的人”占到了75%。而与之相反，从传达消息的角度做的意愿调查结果显示“愿意先传达好消息”的人占到了65%～70%。**

从这些数字可以推测，很多人都具有“先听坏消息即使影响了心情，后面还有好消息来缓和一下”这样的自我保护反应。脑科学领域也有这样**“人更注重后听到的事情”**的说法，这和调查结果完全吻合。

从另一个角度想，传达消息的人愿意先说好消息的原因在于人更愿意把问题滞后。

对于社会上的优秀营销人员而言，如果同时有好消息和坏消息，那么他们从经验上判断会选择先传达坏消息，这样能达到更好的营销效果。

假设有人正在向你推销智能手机。

“这款智能手机，处理能力是旧型号的两倍，但价格是 6 万日元。你觉得怎么样？”

“这款智能手机，虽然价格 6 万日元，但是处理能力是旧型号的两倍。你觉得怎么样？”

后一种说法明显给人的印象要好得多，因为“两倍”这个关键词会留存在人的脑海中。

顺便提一句，这种理论对于伴生的两个正相反的消息是适用的，但还要根据具体情况和时机做具体判断。

例如，我把夫人很爱惜的盘子打碎了，为了道歉，特地给她买了蛋糕。比较常见的方式是告诉她“我把盘子打碎了，但是给你买了蛋糕”。不过，有时先把蛋糕端出来讨夫人开心，之后再提盘子的事情可能更容易得到原谅。

另外，纠正对方的行为时反而常用“先表扬再训斥”这样的模式。

像**“我觉得你做得不错。不过，这个地方的收尾是不**

是不够老到？”

对于必须通过介绍相伴而生的好处和坏处来说服对方时，建议还是先说坏处吧。

不要说“爬上去了再掉下来”，而要说“掉下去了再爬上来”。

想消除对自己不利的因素时的发问实例

◆ 想延长交货期的时候

"说实话，交货期让人难以接受……不过，产品完成情况据说非常好。要不要再等一等？"

◆ 售卖瑕疵商品时

"这些产品之前做过展品，多少有些划痕，所以价格只是正常价的一半。不觉得买到就是赚到吗？"

◆ 必须取消约会计划时

"这周末临时安排了一场高尔夫球的接待活动，下周三我可以调休，到时我们一起去盼望已久的游乐园吧，好吗？"

“我的钱包现在只有 5000 日元，够买吗？”

29 当局者迷理论

不知道该用怎样的沟通手段时
——别忘记试试单刀直入的发问方式

交涉中有各种各样的发问技巧可供使用。

特别是对于难以办到的疑难问题必须拜托别人帮助时，需要考虑对方可能出现的种种反应，从而摸索出最合适的方式。

不过，这个过程中反而容易忘掉一种方法。

那就是不加任何障眼法，也不用怎么动歪脑筋，直接将要求原封不动地抛给对方。

最近在网络上看到一篇由在美国工作的日本人写的报导，写的是关于薪酬谈判的内容。面对直截了当地问“你想要多少？”的公司，日本人一般会规规矩矩地估算自己的市场价值，然后带着“因为是谈判，所以要在妥协的基础上尽量提出较高的期望”这样的想法，告诉公司期望得到两成的加薪。

不料，公司那边的回复是“什么，只加这些就可以了吗？”。这就是一个典型的理论脱离实际，没有坦率提出自己要求的实例。

正所谓当局者迷。

这种情况一般发生在自己单方面地提出要求的场合，而在自己处于强势地位的时候则很难见到。

比如，有公司已经给你很不错的报价，那么面对其他供应商的报价，你就可以明确自己的意见：“能再提高100万日元吗？”

不明确表达意见的**原因往往在于对对方的过度解读，随之得出“不行”“被拒绝”“给别人添麻烦”等错误判断，从而耽误了应有的沟通**（在自己处于强势地位时往往不怎么考虑对方的想法，因此并不在是否明确表达意见的范畴之内）。

对学校同级的那个她爱慕已久，但有着“反正她看不上我”这样的顾虑只得断念装作毫不关心。直到她决定转校之时，两人才互相倾吐真实的想法，这才听到她说“我还以为你讨厌我。我也喜欢你呢”。这样的青春故事想必也很常见吧，其原因就在于顾虑过多，导致思想交流和沟通不畅。

各位在日常生活中常常会听到别人说“你要是当时告诉我就好了”这句话吧，是不是也会偶尔反思“如果当时勇敢说出来多好啊”。

反正都没有希望，那不如先问了再说。如果你真的不习惯单刀直入的问法，那么试着从轻松的话题开始搭话也是很大的进步了。

哪怕确实对结果没什么帮助，但这样做往往能够成为双方沟通的起点。如果还是难以接受这种局面，那就通过事先沟通把各种因素考虑周全。

特别是在贸易全球化的背景下，交涉谈判都遵循着“说了才会赢”的准则。

所以，有时用强硬的态度来攻城拔寨也是十分必要的。

不知道该用怎样的沟通手段时

◆ 对分成进行交涉时

×“（期望是30%的份额）最少最少也想分到20%，能行吗？”

○“（期望是30%的份额）我希望分到40%。不过还有协商的余地。”

◆ 差遣部下做事时

×“高桥……啊，你在忙啊。没什么。”

○“高桥，今天要跑外勤吗？哦哦，是吗，那正好。途中能去一趟N商务公司吗？”

“你现在的烦恼中，哪一个最困扰你？”

30 为了得出答复的发问

在营销和会议中想让对方接纳你的意见时
——探听对方理想与现实的差距，如果你能助其实现，那对方什么事情不能答应呢

最近经常映入眼帘的“Solution（答复）营销”，就是一种听取顾客的问题和烦恼（或者直接看穿）并将其解决，从而赢得顾客绝对信赖的营销手段。这和为了公司业绩而将产品或服务强行推销（硬性推销）给顾客的营销手段完全不同。

两者的区别在于，Solution 营销过程中顾客的心情是愉悦的，而后者是强行推销，顾客实在没有办法才买下来。前者双赢，后者只是单方面获利。想必各位也能明白其中深层次感受上的天壤之别。

那么 Solution 营销中销售人员应该如何来发问呢？答案是：**设法打探出顾客的理想与现实之间的差距。**

无论什么样的组织或个人都有着各自的理想，而理想

尚未实现意味着其中必定存在什么阻碍。所以，我们首先可以针对这一点进行发问来把握现状，然后再反复询问对方将来有什么打算。

在掌握整体情况之后，用“要是把这个改了就好了吧？”来确认对方的想法，再加上一句“我们公司可以破除这种阻碍”，就可以开始谈方案了。

之后，你还可以在价格上做出一些妥协，让顾客没有拒绝的理由，这样一来就能够顺利地让顾客在合同上签字盖章了。换句话讲，Solution 营销是将顾客的需求显性化，并将顾客的思维聚焦于此。

让我们来看一个商人卖牛奶给村里老人的例子。

商人：“哎呀……今年麦子收成不好，影响可大了啊。”**（用闲聊的方式把握现状）**

老人：“对啊。粮食储备也会减少，很让人不安。”

商人：“确实让人担心。粮食稳定供应还是得保证的吧？”**（把握对方的理想）**

老人：“没错。我家那口子卧病不起，我自己又不知道能再干多久的活儿。可别因为这方面的不安而厌倦生活。”

商人：“你有兴趣了解能够消除这种不安的魔法食物

吗？”（确认）

老人：“有这种东西？”

商人：“有啊。每天都可以从中获得营养丰富的饮品，也可以制作出配合面包食用的美味保鲜食品，手头紧的时候还可以拿出部分来换钱。”（提出解决方案）

老人：“听起来还不错，可以给我看看吗？”

这就是 Solution 营销方法，一步步引起顾客兴趣并引导顾客下单。

如果一上来就强行推销，老人肯定也会警惕起来吧。因此，只有先拉近和对方的距离再发问，才能打消对方的顾虑。

想让对方接受你的营销或提案时

◆ 对证券公司的营销人员而言

现状把握：存款、年薪、年龄、投资经历、家庭构成（风险控制）等。

理想把握：目标资产规模（投资目的）

→做出最好的产品提案

◆ 对一流侍酒师而言

现状把握：预算、酒类知识。

理想把握：目的（自用还是会客用）、味道偏好

→选出最合适的一瓶酒

“这是热销中的商品。顺便问一下您的预算有多少？是在自己家里用吗？”

31 信息量决定交涉地位

如何让沟通向对你有利的方向发展
——用信息量压倒对方，使你居于优势地位

交涉术权威赫布·科恩认为，**交涉优劣势取决于三大要素，即"信息、时间、能力"，其中信息是特别重要的因素，对对方的信息了解越多，就越能使自己处于有利地位**（赫布·科恩《FBI 国家学院教你心理交涉术》，日本经济新闻出版社）。

拿汽车经销商来举个例子。

当客户来到店里时，负责销售的人一边对其笑脸相迎，一边装作若无其事的样子，拼命打听客户的预算、中意程度、成交的缓冲时间、车型偏好、汽车用途等信息，这些就是他们的职责和使命。

上面列举的都是必须问才能获得的信息。

只有获得了这些信息，销售负责人才能向客户推荐最合适的款式，这对于客户而言也很有益处。不过从议价的角度考虑，则会把客户置于相当不利的地位。

假如有位客户预算充裕，对限时出售的颜色款式非常中意，恨不得当天就能喜提爱车。要是让销售负责人知晓了这个信息，就算他采取强硬的销售态度，也不会对客户的购买意愿产生太大的影响，所以从价格交涉的角度来讲，这位客户必然会吃亏。

反过来，如果客户一点废话都没有，那手足无措的反而是销售负责人了。特别是当客户得到了销售负责人正在为销售指标发愁，或者经销商很想把这种款式售完的信息，那很可能换成客户采取强硬态度要求折扣了（这样的话，销售负责人离被开除也就不远了）。

这就是信息量不同导致的差别。

交涉的基本原则是尽可能少地暴露自己的信息，尽可能多地获取对方的信息。价格交涉时对于“想买”和“想卖”这两种愿望而言，谁让对手得知了自己的迫切性，谁就输了。

你去买车的时候，第一句就用“我不着急买，看到合适的了再买”来直击要害吧。因为当你迈步进入经销商的商品展销厅时，就已经向销售人员暴露了你是“想买车的客户”，所以为了挽回不利地位，你得想办法展现自己的从容不迫、游刃有余。再怎么不小心，也决不能说出“这辆车，可是我自儿时起的梦想！”这种对你不利的信息。

如果你已经向对方提供了一条关于自己的信息，那么要有从对方那里挖掘出两条信息的觉悟。**毕竟交涉就是通过问题和信息的你来我往进行的一种看不见的交互磨合的过程。**

如何让交涉往对你有利的方向发展

◆ 信息量决定价格交涉的实例

朋友 A：“这台电脑，你要不用的话，3 万日元转给我？”

朋友 B：“还能用啊。你出 5 万的话就给你。”

朋友 A：“咦？你主要用它干什么？”

朋友 B：“我把音乐资料都放在里面。”

朋友 A：“就干这个吗？那你不如买个移动硬盘呢。（笑）”

朋友 B：“话虽如此，但是麻烦啊。”

朋友 A：“就这个理由吗？那我来帮你迁移数据，好吧？”

朋友 B：“嗯……怪不得……”

朋友 A：“那就 3 万日元说定了！”

“别家店售价不到 1 万日元，你们家能降到多少？”

32 交涉能力体现在 BATNA（最佳替代方案）

想强硬推进交涉时

——心中有“Plan B”自然不会慌

交涉一般是指在双方不相容的条件下且面临正面冲突时，找到一个最好的平衡点的过程。如果双方都不退让一步的话，恐怕这次会谈就要陷入僵局了。

所以说，越复杂的交涉就越要预先想好“自己究竟最多能妥协到什么程度”，这一点是很重要的。

但是你得明白，没有哪个老好人在不能妥协的事情上也要忍让。

交涉中讲究的是“魄力”，而负责交涉的人的态度是决定魄力大小的一个重要因素。

在语句的选择，说话时的姿态、视线、语气、节奏等方面都准备得万无一失，令人无可挑剔，才能让你在交涉中占据心理上的有利地位（只有一流的交涉人和职业牌手，才能靠虚张声势占据有利地位）。

想在交涉过程中从容不迫不可或缺的一点是要留有BATNA。BATNA是best alternative to a negotiated agreement的缩略语，直译过来就是"交涉不顺时的最佳替代方案"。

简单来说，就是Plan A所对应的Plan B，还有种说法叫作"交涉力的强弱取决于BATNA"。

比如对于跳槽中的人而言：

大企业A给出了年薪900万日元+部长职务；

风投公司B给出了年薪700万日元+股份期权+CFO职务。

获得的这些不错的待遇，就可以称为BATNA。

有了这些BATNA，对于和C公司之间的待遇交涉断然是很有助益的。

首先，你会觉得即使交涉破裂也没事，态度就从容得多。

其次，你可以很快判断出对方给出的年薪是高还是低。

再次，可以通过略微透露BATNA来获取更为优厚的待遇（拿出A公司给予的800万年薪的条件，或者拿出B公司给出的职务条件等）。

需要注意的是，过早透露BATNA很可能受损的是自己。

例如，和C公司的交涉中，在对方给出年薪之前先将手中的BATNA（900万日元）透露出来，结果人家本来想给1200万的，恐怕这下就很可能用“那么就给你950万吧”把你打发了。

早早公开BATNA就像在家电批发店里用零售店价格来杀价一样愚蠢，“想再压点价格”的诀窍在于后发制人。

想强硬推进交涉时

◆ BATNA 的益处

1. 交涉态度从容；

2. 有基准做对比，可以知晓对方提出的条件是好是坏；

3. 有 BATNA 在，就不会吃亏。

◆ BATNA 的注意点

1. 不会放在刚开始说，一般用来后发制人；

2. 获取 BATNA 需要花费精力（事先准备等）。

“如果您之后大病一场，家里可怎么办？”

33 占卜师常用的恐惧诉求

想让对方失去冷静的判断力时

——用发问让对方失去理智，从而按你的设想走

通过煽动人的不安和恐惧情绪来获利的交涉术就是所谓的“恐惧诉求”。

这种方式对人有很强的操控作用，所以在各种交涉场合和电视广告上都会用到。

占卜师：“唔，这下可糟了。”

女性：“怎么回事？……”

占卜师：“能看见……恶兆……”

女性：“怎么会这样！那我该如何是好？”

占卜师：“请您放心。如果想活下去的话，只要每天擦拭这块水晶就没问题了。”

这就是使用了恐惧诉求的发问术。

以发问的形式来做最后的推动，让对方不得不认真考虑此事，激发对方害怕事态恶化的恐惧情绪，这样更容易

唤起对方的行动。

“因为这个原因，破产的公司要多少有多少。你还准备重蹈覆辙吗？”

“要是不乖的话，噩运会来找你哦。不害怕吗？”

“你这样无所事事下去要变成猪了。这样好吗？”

类似这些都是使用恐惧诉求的例子。当然对对方而言，冲击性越强的诉求带给他情绪上的波动也越大。

还有一种利用对方焦急情绪的交涉术，和恐惧诉求类似。

“行业中已经有标准的体系了……”

“有同样安排的人都会去，你也会去吧？”

“限时报名正在火热进行。你也来报一个怎么样？”

这里利用的就是“大家都在做的事情，你要不去做就落伍了”这样的心理刺激，也被称为“乐队花车效应”（看到人群聚集的地方会觉得自己也不应该错过，于是也加入了进去）。

无论哪一个例子，为了让对方说出“Yes”，都需要剧烈动摇他的情绪——可以通过改变他的想法、推动他的决断、促进他做出行动等方式来达到这种效果。

诚然，在商务领域经常能看到各种带有欺骗性质的广告词，这是不争的事实。不过，本节提到的心理效应原则上仅限于为对方着想并改变他的行为时使用，还恳请各位不要过度煽动不安情绪，或是恶意使用这些方法。

想让对方失去冷静的判断力时

◆ 面对没有工作热情的年轻人

“我话说在前面，20 多岁的时候你要付出很多努力，获得很大成长才能决定 30 岁以后的事业。你难道想在比你年轻的后辈手下工作吗？”

◆ 面对不好好学习的孩子

“学习上老是偷懒，将来就会成为翻不了身的贫困上班族。这样你也愿意吗？”

◆ 面对正在犹豫要不要告白的朋友

“现在不去表白自己的想法，一辈子都会后悔哦。你不希望这样吧？”

“如果有一亿日元供你自由使用，你会用来干什么？”

34 消除过滤法

如何拆除对方大脑里的过滤器

——用“假设”“如果”发问，来改变对方的价值观

人每天都会面临无数的选择。

很困却要早起，起床以后马上打开电视，饭后刷牙，这些行动都是自己做出的选择。

不过，本人往往并不会意识到自己做出了这些“选择”。不会有人走出玄关之后会因为“那么今天是去公司呢，还是去弹子机店呢，还是去非洲呢”这样的问题而烦恼吧。要为所有的选择而逐个烦恼的话，那日子也没法过了。

人的大脑里是有过滤器存在的，所以人总是可以在无意识中对事情进行选择。这种过滤器可以叫作“习惯”“先入为主的观念”“偏好”等等（如果过滤器上开的孔又小又偏的话，也有可能被称作“有色眼镜”）。

这些都是基于知识和经验形成的观念。

可以认为每个人都带有自己独特的过滤器，有时也

会因为过滤器的原因束缚住自身，导致人丧失合理的判断能力。

想打通被堵塞思维的关键词是“假如”和“如果”。用这些词语强行让对方的思维从现实世界飞跃到假想世界中，才能够将他的过滤器拆除。

比如，对于营销人员的提案，客户脑海中如果有“老板肯定不会同意”这样的过滤器，那么优秀的营销人员会这样说服他：

客户：“反正我们老板不会同意的。他很吝啬。”

营销：“那假如不需要你们老板来决定，你会买吗？”

客户：“唉……我们会研讨一下。这东西对于在现场工作的人而言，确实很方便。”

营销：“如果购入了这个东西，你们的营业额也会上升吧？”

客户：“唔。我想想……啊，会上升的。哎呀，说不定会有显著增长。”

营销：“您觉得多长时间能够收回全部投资额？”

客户：“我看看，计算器，我用计算器算算……啊，只用一年就够了。”

营销：“您不妨将估算的结果向老板说明一下，说不定能够说服他。”

客户：“……这样跟他说也许能行。”

这就是拆除过滤器的发问术。通过这样的手段打破对方的惯性思维，促进他的思考，就可能改变他固有的价值观。

另外，像上文中的会话实例那样，先拆除对方的过滤器引导其发言，之后他也很难再找别的借口推脱，从而能够有力地推进交涉。这一点也是非常重要的。

感觉对方被特定想法所束缚时

◆ 想通过拆除过滤器让交涉向对你有利的方向发展时

营销：“假如这项服务是免费的，你愿意使用吗？”

负责人：“当然。”

营销：“实际上目前限时优惠，半年期服务免费。您觉得如何？”

负责人：“（怎么感觉很难拒绝）……啊，那我试试……”

◆ 想鼓舞为事业担忧的朋友时

A：“做个假设。如果你上过大学，前途会不会更光明一些？”

B：“嗯。因为能做综合岗位，还可以选择公司。”

A：“我听说，有那种边上班边读的夜校，你考虑一下吗？”

B：“我还真没考虑过……”

“总经理应该明白这个优点，其实呢……”

35 无意中改变行为的“启动效应”

想让会话向对你有利的方向发展时
——用“烙印”诱导思维

这一节介绍的技巧和前一节中的拆除过滤器是完全相反的，这次讲的交涉术是给对方的过滤器加上烙印，促使他得出对你有利的结论。心理学上称为“启动效应”，这种现象的使用范围也很广。

启动效应是指，事先给予人的信息（先行刺激）会影响到之后的行动和判断。

例如，刚才你们在热火朝天地讨论圣诞节的话题，这时候看到一辆通红的汽车开过，脑海中就会浮现出圣诞老人的形象。

人的记忆和思维是相伴而生的，所以和大脑中植入的先行刺激相近的东西能够更容易地被感知。

启动效应也可以有效地被用于交涉场合。

比如想让孩子收拾房间时，可以这样来问。

“小 A 是好孩子，所以收拾房间也不在话下吧？”

这样说会让孩子的脑海中涌现“自己是好孩子”的印象，从而减弱对打扫房间的抵触情绪。同时，人总是趋向于回应他人的期待（皮革马利翁效应），这样一来会有更好的效果。

或者用“妈妈累了”作为话题来拜托孩子，那么他脑海中更容易浮现出自己“帮助疲惫的妈妈”的形象吧。

商务场合也经常用到启动效应。

例如，**在兜售商品时，优秀的营销人员突然一反常态对商品细节完全不做说明，反而先介绍购买此种商品的公司的成功案例。**

用这样的介绍顺序会让顾客的大脑处于被成功形象所支配的状态，因而能够更加认真地听取后面的细节说明，说不定以购买为前提会提出更为具体的咨询问题。

在企业的主页和宣传册的封面经常能看到“笑容”“握拳”“握手”这类照片，就是为了给潜在顾客的脑海中加上成功形象的烙印。

在日常生活中，常常将启动效应和皮革马利翁效应结合起来使用，来束缚对方的思维。

“听说总经理您是行业中不受常识所局限的创新

者……"

"您刚才说要重视员工的幸福感……"

用类似这样的话做开场白，对方就很难做出别的选择。

想让会话向对你有利的方向发展时的“烙印”实例

◆ 想让对方欣然允诺你的要求时的烙印

“我很欣赏你的宽宏大量，所以有个不情之请，现在方便吗？”

◆ 想活跃场面时的烙印

“之前我听到一个超级恐怖的故事，有兴趣吗？”

◆ 鼓励对方时的烙印

“你可是很好强的，这次也能很快恢复过来吧？”

◆ 诱使对方同意时的烙印

“那是他哥哥，你觉得如何？”

“通常价格是一万日元，现在只需要 5000 日元！您觉得怎么样？”

36 变换基准“锚定效应”

想让交涉向对你有利的方向发展时

——提出参考标准，先发制人

邮购网站和小卖部的门面上经常能看到这样的情景：在平时价格“2980 日元”的价目标签上画一个大大的“×”，再在旁边写上“1980 日元”。

你看到肯定会觉得“有 1000 日元的折扣啊，买到就是赚到”。

像上面的例子一样，人在对事物做评价的时候，总需要找到一个基准。

根据基准的变化，人产生的印象和行动也会发生变化，这种现象被称为“锚定效应”。而最开始提出的基准点被称为“锚”，就是船锚的那个锚。

上面的例子中“2980 日元”就是作为评价基准点的锚。

如果嫌重新制作价目标签麻烦的话，那么一开始只写上“1980 日元”不就好了嘛，可这样一来 1980 日元反而成了交涉的标准（锚）。结果，消费者并不知道有 1000 日元的折扣存在，在试着还价时遭到拒绝，最后即便买了商品，也不能收获购物的成就感。

重要的是交涉时应该“在哪里下锚”。

比如你去海外旅行，到一个经营土特产的地摊转悠。

首先这样的小摊一般不放价目标签，也就是处于无锚的状态。这时无论是你还是卖家，都必须口头提出自己的锚。

不善于交涉的日本人会规矩地用“How much（多少钱）？”来询价，不过这样反而将交涉的主导权交给了卖家。

露天商贩自然可以毫无顾忌地漫天要价。你本想着用 5 美元搞定，而对方一脸平静地告诉你没 20 美元不卖，之后就进入了决定性的讨价还价会战。

要把价格从 20 美元砍到 5 美元可是需要一番功夫，所以必须意志坚定才行。对方一定会用“为什么必须要让我打 75% 的折扣？”来向你施加压力，好说话的人会说“就这个价格，我不会再砍了”，甚至心里还会有些罪恶感。

这样一来正中对方下怀。

一旦公开了自己的锚，那一时刻交涉的框架（framework）

也就定下来了。露天商贩先告诉你价格是20美元，然后你就必须进入对方的框架里询问“20美元太贵，还能便宜多少？”，这样对你十分不利。

擅长交涉的人连“How much?”都不会问，直接先发制人说“两美元我就买”，然后在“我能给你让步多少”的框架内推进对话。

当然，如果你最初提出的锚违背常理，那么很容易失去对方的信赖，从而导致交涉失败，所以蛮不讲理的交涉也是不可取的。

想让交涉向对你有利的方向发展时

◆ 一流营销人员经常使用的锚定

“我给你的是其他客户不可能拿到的价格，你若同意，就可以交易。”

（锚：不会给别人的价格）

“保修期通常是一年，但可以帮您免费延长到三年。”

（锚：一年）

“这里是正常估算的金额。不过对于贵公司而言，我们可以给您底价。”

（锚：正常估算的金额）

“你能去调研一下这款电饭煲用的螺丝是否是日本制造的吗？”

37 沉没成本理论

交涉时间十分充裕时

——用无意义的发问来浪费时间，增加对方的交涉"成本"

沉没成本理论是教授交涉技巧的书本中必定会提到的内容，直译过来就是沉没成本。简单来讲，可以解释为"背后耗费的看不到的时间和金钱等成本"。

人在某事物上花费了越多的时间和金钱，则具有越强烈的意愿来目睹它最终实现。因为如果半途而废的话，那么所耗费的成本全部化为乌有。

例如小说读到一半，厌倦了情节的发展。

你已经花了10个小时在读这本小说上，所以很可能涌现出"如果这时不把它读完，那么之前花在上面的时间都浪费了，还是读完吧"这样的想法。不过，要是你只读了10分钟，那根本不会因此而踌躇。

另外，你很可能因为买这本书时付了1500日元而继续读下去，但如果这是从图书馆里借的书，那么就不会觉

得可惜了。

这些都是沉没成本影响判断的例子。

将这样的概念应用到本章主题“让对方说出‘Yes’的发问术”中，则可以采用这样的策略：刻意将交涉过程拉长，或者刻意将会给对方造成很大压力的问题反复提及，让对方耗费在交涉上的成本不断增多。

比如：

·让对方多次登门拜访

·多次要求调整会面时间

·用大量无意义的问题或难以回答的问题向对方狂轰滥炸

·一面装作感兴趣的样子，一面用暧昧不明的回答不断搪塞对方

这样有意地反复运用这些手段不断增加对方的负担，会让他产生“都已经耗费这么多精力了，所以一定得拿到合同！”这样的想法。

交涉中谁让对手知道了自己的迫切性，谁就输了。

斟酌着时机一口咬定“这个价格不行的话，我们就不买了”，或者提出类似“这个价格可以，不过得附赠这个”这样强硬的提案，对方很可能顾虑到以往的努力会打水漂而勉强应允下来（对方时间很宽松的话另说）。

当然，每次都用这招必定会失去周围人的信赖，而且在对方忍无可忍之前如果不能适可而止，对方很可能拂袖而去，退出交涉。

所以其中的难点在于分寸的把握，尤其在严酷的商务场合更是如此。

交涉时间十分充裕时

◆ 交涉时想办法加重对方的心理负担

“这里的条款有何根据？有哪些数据能说明？没有吗？那么下次能否把资料事先整理好？”

“今天我们公司的财务负责人也到场了，能否将上次讨论的内容再做一次说明？毕竟我们是外行。”

“不好意思。明天的讨论会，想改到本公司的另一间会议室进行，可以吗？劳驾您了。”

“那么，你说具体该怎么执行？”

38 唱反调应对法

对方感情用事时

——用与其截然不同的反应让你处于优势地位

当交涉进入白热化，对方开始感情用事或提出无理要求时，坚定的交涉人经常会采用被称为 Dispacing 的应对方法。

Dispacing 就是“唱反调”的意思，即在说话方式、态度、姿态、音量大小等方面跟对方反着来，运用得当的话，可以有效避开对方的攻击。

比如在对方身体前倾热情讲解之时，自己却挺着胸脯平静回答，或者对方滔滔不绝讲个不停时，自己却特意不紧不慢地应和，这些行为都属于“唱反调”。它能起到保持自己的节奏，不被对方的节奏带着跑的作用（与之相反，配合对方的行为也称作 pacing，它能起到让紧张的人放松下来，或者给对方留下很好印象的效果）。

伊丹十三导演的电影《民暴之女》中，描述饭店员工们面对暴力团的威胁时采取了毅然决然的反抗态度，反而使对手失去了冷静，最终将形势逆转的场景。

这里用到的正是 Dispacing 技巧。

除了态度和姿态之外，也可以通过发问术在争论点上唱反调。

例如电影里有这样一场交锋。

暴力团成员：“你们想怎么解决，5 亿元的票据还是 3000 万的现金？”

饭店方面：“这么多一笔现金，您来拿的时候还请先用贵重物品做质押才行。”

暴力团成员：“别废话！你们可是受害者！ 5 亿元的票据怎样？”

饭店方面：“那把票据号码告诉我们。”

暴力团成员：“混账！那么重要的票据账号，我会告诉你？”

饭店方面：“这就奇怪了。你联系票据交易所，让他们把你的票据交易冻结不就行了？ 5 亿元就落袋为安了。”

面对对方仅靠气势强加于人的意见，需要保持头脑冷静来修正他的论点，或通过反问来给予对方回击。

若对方认真起来，激动地嚷嚷“不要转换话题！”时，就能够判断此时他除了发火，没有其他选择了。而你既不能胆怯，也不能和他一样感情用事，绝不和对手在他熟悉的方面角力。

不过，你可以躲开对手的攻击，却不能对他说的话完全无视，因为这种态度自然会让对方发怒，导致交涉过程中出现波折。

如果真的是自己不对，就老老实实地承认；如果是对方不对，那就用 Dispacing 来闪转腾挪和他打太极，因为交涉过程其实就是在争夺看不见的主导权啊。

还有，不要忘了活用反问，这是你强有力的武器。

对方感情用事时

◆ 面对听说上级决定终止项目后极度不满的部下

部下："那我的努力不是白费了吗？！开会的时候部长您也在场吧？"

部长："……只为讨你一个人的欢心，那公司还能办得下去吗？"

◆ 面对因为不想学习而缠着你的学生

学生："说实话，学的这些东西将来到了社会上不会有什么用吧。"

老师："你啊，到社会上体验过吗？"

◆ 面对反对死刑的社会活动家

反对派："侵犯人权！违反宪法！"

赞成派："你是说被杀的受害者的人权就没被侵犯吗？"

“案件发生当天，你说你在乡下？”

39 律师常用的审问术

不想给对方辩解的余地时

——连珠炮式的发问，一举击溃对方能用来当借口的材料

说起交涉达人，律师肯定能算在内。就这方面，我咨询过熟识的律师，当我问他是否有交涉诀窍时，他提到了律师协会培训中一定会讲到的 "3C" 询问技巧。

3C 就是指 commit（承诺），credit（信用），confront（面对）。

简单来讲，3C 指的是在进行反对询问之时，先挑出直接询问中你有所怀疑的证言，让证人再次确认，为确认证人证言的可信度扫清障碍，最后再让证人直面证言与证言之间矛盾的地方。

这样一来，对方也失去了辩解的余地。

将 3C 技巧应用在发现部下的不当行为时，应该以下面的流程展开。例子中对方基本只用"是"来回答问题，所以只列出了发问。

“你说过，上周四下午到 A 公司去检验产品了？”

“离开公司的时候是下午 1 点，对吧？”

“然后，你说作业用时超过了预想，到 19 点才回家？”

扫清障碍

“到 A 公司去单程需要 30 分钟，当天没有堵车吧？”

“你每天都会写工作日志，日期和去向都没错吧？”

“作业完成后，你就一直和 A 社负责人田中先生在一起吧？”

直面矛盾

“这是田中先生当天发的脸书，其实我申请加他为好友。看看他写了些什么，‘大家都很努力，产品检验一个小时就搞定了。客户也笑容满面’。哎，你不会打算说田中先生在撒谎吧？”

要是直接把证据拿给部下看，那他很可能会找出类似“当天电车晚点了”或者“之后去别的公司做营销了”之类的借口。要点就在于事先将可能出现的借口考虑到，并逐个击溃。

当然，日常生活中如果这样动真格地做询问，问到一半对方可能就会用“这是干什么呢！不相信我那就算了”来反咬一口，然后逃离。而且，太过紧追不舍的话，很可能被人怀疑你性格有问题。

不过，至少事先将对方的借口各个击破是一种非常合理的询问方式，不知能否带给您帮助。

律师常用的3C技巧

1. 承诺

“你说你昨天加班加到很晚，是吧？”

2. 击破借口

“从公司出来没绕远路吧？”

3. 面对证据

“这收据怎么回事？上面可清清楚楚写着时间呢！”

专栏 从名言解读发问术 3

“思考”是对自己的发问。

——中谷彰宏

人总在不断重复对自己的发问，这正是一种“思考行为”。

“为什么工作不顺利呢？”

“没有让大家都开心的解决办法吗？”

这样自问自答的结果会以言论和行动的形式表现出来。

我这样表述似乎把思考当成了理所当然，然而在日常生活中，我们大多数人的行为都是基于自己的偏见（过滤器）无意识地执行的，思考在这里成了可有可无的东西。如果脑海中没有疑问涌现，不如试着向自己抛出“这样下去真的好吗？”这样的问题，可能会成为你进步的契机。

想操控别人之前，应该先学会如何操控自己。

CHAPTER
04

能在一瞬间抓住人心的发问

向恋爱高手和明星学习

“周末一般如何度过？你是哪里人？喜欢看什么样的电影？在用什么牌子的手机？”

40 用同调效应获取亲近感

初次见面想和对方处好关系时
——持续发问，直到找到共同点为止

我十分喜欢和别人聊天，由于自己的兴趣或是跑现场的原因，经常会参加一些大型派对和交流会。

我每次都会在现场环视一周（可不是专门来竖着耳朵偷听别人讲话），发现人与人的差别都能很明显地体现出来。有些人和初次见面的人很快就能打成一片，有些人到最后也没能和任何人熟络一点。

善于和初次见面的人打成一片的，无一例外都是“发问高手”。

他们在谈话过程中最低限度地涉及自己的情况，将对方的信息不断挖掘并在其中找到共同点，然后能以此为契机进一步活跃会话的气氛。

比如，当你多次参加某交流会后，很可能有和对方都认识的熟人。这时，以**“你是第几次参加？”**为切入点，之后就能自然而然地问出**“什么原因促使你来参会？”，**进一步引出你们共同认识的人，再以他为话题，这样一来你们俩就不再是素昧平生的陌生人了。

如果你们没有都认识的熟人，可以试着在对方的兴趣爱好、所在行业等方面来寻找共同点。

比如联谊会上铁定会出现的问题“周末一般如何度过？”，就是一个找寻共同点的开放式发问（19 节）。由于能够回答的范围很广泛，所以也更容易找到双方的共同点（例如，如果得到“我会去看现场演出”的回答，就可以接着问“喜欢哪种风格的音乐？”）。

这里有一点需要注意。

确实不太容易找到共同点时，你仍然劈头盖脸地不断切换话题发问，会让对方陷入窘迫的境地。这种发问方式称为并列发问，是 wide show（日本访谈类节目记者常用到的采访形式，类似“夫人怎么称呼？平时深居简出吗？来，对我们的观众说上一两句”这种风格）。

为了避免对方陷入窘迫的境地，对于没有共同点的话题，偶尔也要深入挖掘一下，来制造活跃的对话氛围。

还有个绝招，你可以用**“我前些天读的一本书里写道，想处好关系的话，就去找寻共同点（笑）”**这样的话语直率地告诉对方，也会有不错的效果。

人遇到和自己具有共同点的人时，会产生亲近感，从而一下子缩短心灵之间的距离。这也被称为“同调效应”或者“相似性法则”，要点在于如何才能让自己处于“和对方容易产生亲近感”的状态。

初次见面想和对方处好关系时

◆ 容易找到共同点，初次见面时使用也不会感到奇怪的发问

"您有什么爱好？"

"您是哪里人？"

"您从事哪个行业？"

"喜欢的艺人是谁？"

"在用什么牌子的手机？"

"上下班路线是怎样的？"

"您家里有几口人？"

"（孩子是）男孩还是女孩？"

"有没有在做一些健身运动？"

"在用脸书吗？"

“这个手机套很可爱呀，上面印的是哪里的卡通人物？”

41 展现“细节观察感”

想尽可能缩短心与心的距离时
——看破对方在意的事情，以此来发问

发问之时的主要动机在于对自己未知的事物所具有的“想了解”的想法，反过来说，即具有“不会向自己不感兴趣的对象提问”这种倾向。

为赢得对方的信赖，该如何将兴趣点转移到对方身上，这才是本节的要点。

某位神童补习班的男讲师曾经说过，他认为**“若失去学生的信赖，老师对他们的教导也将没有意义”。因此他完全将授课计划抛在一边，为了和学生之间形成信赖关系，一个劲儿地选择学生喜欢的话题来讨论。**

从孩子的角度来看，补习班或者家庭教师大部分都是父母包办的。而且这些老师与孩子之间存在着立场和年龄的差异，孩子心里会觉得“反正这老师一定自我感觉良好地来教我吧。考生实在是痛苦啊……”，从而产生抵触情绪。

他认为消除这种心理障碍，关键点在于让孩子觉得“啊，这位老师会听取我的意见”，“和其他的大人不一样”。

孩子们书包上的小挂件、印着卡通人物的文具和手机壳等小物件能够表现出他们的“意见”“关注点”“品位”“兴趣”。这位老师总是能够很快注意到这些地方，然后用类似“这个很有意思啊。你很喜欢这个卡通人物吗？”的话语边称赞孩子的兴趣爱好边发问，从而营造出一个更易于学生表达自己的环境。

这在会话术中也是通用的铁律。**为了让会话活跃起来，最有效的方法是在不知不觉中抛出一些谈话素材，让对方觉得“别人期待他说些什么”，从而将他置于话题中心。**

观察著名主持人明石家秋刀鱼先生的话术时，你会发现他既是话题收尾高手，也是引出话题的高手。很多人在活跃会话气氛时容易急于求成，使得自己反而成了会话的中心，这就完全本末倒置了。

发问话题选取在其他人轻易不会触及的偏好之处，能够获得更好的效果。人都有希望得到认可的需求，所以往往因“这样细节的地方都被你发现了”而感动，由此即可自然而然地向你敞开心扉。

对方关注的事物都是有迹可循的。

也许是在一部智能手机的锁屏上，也许是在会话细微之处蹦出的关键词中（比如平常沉默寡言的人，在谈到电视剧时就变得口若悬河）。

所以会话时要有一颗关注对方的心，还要具有敏锐的洞察力。

想尽可能缩短心与心的距离时

◆ 看穿部下的偏好时

“哇，这壁纸上是菲尔·米克尔森。果然对于打高尔夫的左撇子而言，他是神一般的存在。”

◆ 看穿上司的偏好时

“每次我都在纳闷，课长怎么知道这么多不错的店啊？您都是怎么找到的呢？”

◆ 看穿同事的偏好时

“你的邮件写得简单明了，能教我诀窍吗？”

◆ 看穿女性的偏好时

“您提的包和今天穿的服装很配哦。您认真考虑了色彩搭配吧？”

“你喜欢甜的东西吗？”

42 单纯为了搭话的社交性发问

想和对方关系更进一步时

——即使知道答案，也要勇于发问

公司的同一层楼里，听到了在意的女性和其他同事在热情地讨论瑞士，于是获取了意中人“喜欢瑞士”的信息。恋爱达人在这种情况下，会计算好时机，以瑞士为话题和意中人搭话来制造接触机会。

如果之前她们的会话声音大到全楼层都能听见，那等她们聊完后，直接问**“你喜欢瑞士啊？”**就行了；如果只是隐约听到，那就只字不提你之前在听她们谈话的事情，改天佯装不知地故意问她：“最近对甜点十分着迷，你对瑞士甜点了解吗？”这才是正确的发问方式。

前一节中提到寻找对方的关注点能够提高他对你的信赖度和亲近感，因此要有效利用已经获取的相关信息。况且谈论对方喜欢的话题很容易让会话气氛热烈起来，当你转换为听众的角色时，只需时不时有意地随声附和就足够了，因为你再怎么去想象“她喜欢瑞士的哪些方面啊”，对于现实中的关系进展也毫无帮助。

若想让会话氛围再热烈一些，你就得亲自去了解一下最新的流行趋势，抛出类似“最近在网上看到一家南青山的咖啡甜点店，想去想得不得了。你之前去过吗？”这样的话题，你们之间的关系就已经升级成为瑞士同好了。

频繁接触会更容易产生亲近感，这是人的本性。

这仅仅是指有效接触。

但是，同一家公司里每天都会见面的同事如果完全不说话，那心与心的距离也没法缩短，说不定还可能让人产生“这人不好相处”的想法（原因在于关系本来就是靠会话构建的）。

使用明知故问的发问方式，其最大动机往往在于想提高接触频率。

像家长孩子之间**“你在学校怎么样？”“一般”**这样的会话，像公司董事和普通职员之间**“情况怎么样？”“托您的福，让我忙起来了”**这样的交谈，还有像大阪商人之间**“赚了吗？”“毛毛雨啦”**这样的客套，都是为了制造接触机会。

能用这种方式活跃会话气氛的话自然很好，就算仅仅从问候的角度讲，也不需要特别正式的回答。

想和对方关系更进一步时的发问实例

◆ 特意拜托别人帮个小忙时

“计算器能借用一下吗？”

◆ 即使没烦恼，也特意找人倾诉

“我说，你对部长怎么看？最近他好像‘压力山大’。”

◆ 特意关心对方

“最近你很努力啊，看起来好像很疲惫。”

◆ 特意找话题

“雅虎新闻里有一篇很好笑，看了吗？”

“看起来很花哨，实际上这种早就烂大街了吧？”

43 心理作用活用术精选三则

想恰到好处地称赞对方时

——以最大化取悦对方为目的来发问

前面已经写到关于称赞对方的重要性，称赞是让对方心情愉悦并缩短心与心之间距离不可或缺的手段。

这一节将介绍恋爱达人经常使用的能让效果翻倍的称赞技巧。

1. 间接表达你的称赞

对于模特级别的美女你用“你很漂亮”来称赞对方是不会管用的，因为这样的话她早听过无数遍了。

推荐你用点别出心裁的办法，来将自己和一般人差别化。

可以用**“您母亲想必一定很美丽吧？”**这样的话转移称赞对象，或者用**“像您这样才貌双全的人，肯定各大公司都抢着要吧？”**通过社会评价来称赞，还可以用**“就算告诉我著名的女性杂志找您合作，我都不会感到奇怪”**这种其他人很少会使用的假设来称赞对方。

2. 从上帝视角称赞

对于人而言，各方面都是可以一分为二来看的。

有的人平常认为做家务很麻烦，一旦真开始打扫起来，也会有始有终。有的人看起来总是精力充沛，实际上心里有很多的烦恼。很少有人会斩钉截铁地断言“自己是某种类型”。

在两面性中更靠近哪一面决定了“世人对其的印象”，所以只需特意从完全相反的一面称赞即可。

对方听到以后，会觉得“这人能够理解真正的我”而心怀感激之情。

顺便说一句，这也是占卜师常用骗术的一种。

3. 男人重视结果，女人重视过程

一般认为用“社会地位、头衔、收入、名声、成绩”等以结果表现的事物称赞男性时，会让他们更没有抵抗力。反之，用达成目标的过程中耗费的“精力、时间、钻研、毅力”等，总结起来就是用“付出努力的自己”来表扬女性时会让她们更高兴。

如果对方确实是位获得了相应成绩的经营者，应该这样来问：

对男性：**“总经理，这次和客户签了什么样的项目？”**

对女性：**“总经理，想必您也付出了很多努力吧？”**

恋爱技巧中也有类似的套路。

想恰到好处地称赞对方时

◆ 用间接称赞的问法

“在像您这样的老板手下工作，员工们肯定斗志很高昂吧？”

◆ 带有两面性的问法

“看起来逍遥自在，没想到这么好强。”

◆ 找对称赞点的问法

“（对男性）作为行业领袖，您的感觉如何？”

“刚才有位女性朝我靠了过来，怎么办啊？”

44 稀缺价值原理

想让对方认同“现在不作为就会有损失”时

——强调那些小概率事件

以前上班时，经常路过商店街上一家不起眼的团子店。虽然别人说的确好吃，但没有到让人垂涎欲滴的程度，所以我一直没有去品尝。

有一天，我从店门前走过时发现一张通知即将停业的贴纸。

“错过这个机会，就再也吃不到这里的团子了”，带着这样的想法，我眼里的团子也变得更加美味，不由得买了不少。

越难以得到的东西人越会赋予它更高的价值，这被称为“稀缺性原理”。

比如世界上每天都会喝，但喝一瓶少一瓶的珍藏葡萄酒；世界上仅有的 300 台超高级跑车；还有即将停业的店里的团子。

稀缺性原理应用起来具有很强的效果，所以无论在商界还是恋爱中，都经常被有意使用。

确实有这样的女性，你都表白好几次了，而她总是采取一种矫揉造作的态度，怎么也不肯说“Yes”。

这时可以借助稀缺性原理来应对，有两种套路可以使用。

“最近有人向我表白了，怎么办？”

用这样的话语告诉对方对手出现了，来煽动其产生竞争意识。

“其实，到了秋天我可能要调到伦敦了。你不寂寞吗？”

或是用这样的话语来设置一个时限。

特别对于第一种套路而言，如果你成功地让她察觉到“竞争对手比她更优秀”，那么效果会更好。因为这时对方除了着急之外，还会产生嫉妒心和独占欲。

但是，如果你对对方缺乏一定的吸引力，那么这种技巧可能会完全没有效果。

比如告诉讨厌你的异性“你可能调到海外工作”，她心里只会想“别回来了”；或者告诉她“你同时受到了两个人的约会邀请”，只会被她看穿，然后用“发个短信一起结伴去玩呗”轻松化解。

当然，能用正常的行动让对方知道她对你而言不可或缺就够了，也根本用不到这些小聪明。下述这些人本身的稀缺性价值就很高，所以不需要你特意去吸引他们：

· 常常具有献身精神的人

· 具有与众不同的思维方式的人

· 拥有压倒性资源（财富、美貌、人脉、经验等）的人

想让对方认同“现在不作为就会有损失”时

◆ 想让部下更有干劲时

“纽约分店需要补充一名骨干人员。这可是几年一遇，你到时也申请试试吧？”

◆ 想多卖点商品时

“还有 5 分钟限时特卖就要结束了！还不抓紧这个机会？”

◆ 想邀请别人去音乐会时

“据说这是 ×× 歌手日本公演的最后一场了。一起去吧？”

“我有不能告诉他人的烦恼。你能稍微听我说说吗？”

45 为什么有很多人以和对方分享恋情为契机开始交往

想让对方对你产生特别感和连带感时
——以分享秘密为主题发问

小时候，和死党们在无人的教室里集合，互相袒露自己喜欢的同班同学是谁；不告诉家长和老师一起到隔壁城市冒险；男生们还会在杂树丛中建立秘密基地，这些蕴含着很深羁绊的记忆想必你也有吧？

如果有人将极少与人分享的隐私告诉你，那么你们之间的连带感将显著加强进而形成深厚的友谊。

这一点在和对方分享恋情的时候体现得尤为明显。

“自从我将恋爱的烦恼向他倾诉之后，不知不觉我们就在一起了”，这样的故事你也听到过好几次了吧。倾诉者将自己心底的恋情讲出来，与之相对，倾听者会有“她能向我敞开心扉让我很开心，更开心的是能成为她的依靠”这样的感情萌芽，以此为契机就有了后面的展开。

还有一种情况，**当对方向你主动敞开心扉时，为了回应他的诚恳和直率，你也会有想向他敞开心扉的心理（回报性原理）**，更容易产生"稍微谈谈自己的事情也挺好"这样的想法。结果，双方都将真正的自己完完全全暴露给对方，从而产生了共鸣。而且这共鸣是由更本质的事物所产生，并不是由外貌之类流于表面的东西产生，发展到这一步自然也就容易坠入爱河了。

特别是当倾诉者坦露心声时的样子和平常所见差别越大，对倾听者的冲击也越大。恋爱达人则经常有意利用这一点。

分享秘密的模式有这么几种：

1. 自己揭开秘密的模式

2. 互相交流秘密的模式

3. 制造只属于两个人的体验模式

4. 问出对方的秘密，让他相信你绝对不会告诉别人的模式

对于第 4 种方式，根据两人之间关系远近不同，可能产生的是"威胁"而不是"连带感"，因此还请特别注意。偶尔需要在对方吐露秘密后也将自己的秘密告诉他，来形成"互相掌握弱点的关系"，才能产生更为牢固的纽带。

发问使用最有效的是第二种方式。此时最有效的发问方式是揭露自己的信息来换取对方的秘密。

例如，用“别看我这么马虎……××可是毫无缺点呢”来奉承对方，进而引出对方的真心话“没有没有，其实呢……”就是一种实用技巧。

想让对方对我产生特别感和连带感时

◆ 自己揭开秘密的模式

“能约好不告诉任何人吗？我啊，其实想从公司辞职了。”

◆ 交流各自秘密的模式

“老实说，我家里很穷，之前有段时间为此烦恼了好久。你之前也因此而烦恼吗？”

◆ 制造只属于两个人的体验模式

“别告诉其他同事，这曲奇是送来的慰问品，吃不吃？”

◆ 问出对方的秘密，让他相信你绝对不会告诉别人的模式

“到底发生了什么能告诉我吗？我不会告诉任何人。”

“我拿到了人气偶像演出的票，一起去吧？”

40 利用认知不和谐的低球技巧

想尽办法也要制造契机时
——用绝对无法被拒绝的问题来诱导

先用肯定能吸引对方的条件诱使他说出“Yes”，之后再让其接受不利的条件。这样的说服技巧或销售手法被称为低球技巧。英文写作low ball，意思就是容易接住的球。

从道义上讲，并不推荐使用这种技巧，但其效果确实显著。

我们最常见的低球技巧是，超市广告单上的超值商品。

通过“卷心菜只卖19日元！”这样的广告，吸引大量家庭主妇到店。实际情况是超值卷心菜在开业之后很快售罄，这些主妇们只能在超市里正常购物，这就是商家的低球技巧。

那些家庭主妇的丈夫听到她的遭遇肯定会抱怨“想买的商品卖完了，那老老实实回家不就好了吗”，然而很少有人能做到这一点，这些家庭主妇多多少少会买些东西回去。

为什么呢？下面就来解释一下其中的逻辑。

听到促销消息的主妇们到店里的心情是欢欣雀跃的。因为买到了19日元的卷心菜就能够证明自己是一名持家的合格主妇，可能心里都浮现出被丈夫夸奖的情形了吧。

当带着这种状态面对卷心菜卖完的事实时，心情一下子低落了不少。

但是，**就这样什么都不买直接回家的话，理想和现实的落差过大，很难在短时间内整理好心情，这种现象被称为“认知不和谐”。**

这样一来，**主妇们为了排解这种坐立不安的情绪，决定还是赶快先买点美味的食材吧，这样到超市来这一趟也有了意义**（和前面的沉没成本理论密切相关）。

下面用更简单易懂的例子来说明认知不和谐现象。

想来你也一定有过品尝甜食时产生过罪恶感的体验吧，明明知道吃了甜食会胖（明明认识到了），然而还是吃了，这就产生了理想与现实的差别（不和谐）。为了消除这种不和谐，很多人会用“吃甜食用的是另一个胃”“巧克力是精神安定剂”等借口来自欺欺人。

还可以用如下的方式将低球技巧运用到恋爱中。先用

“我很可能拿到著名艺术家展览的门票，你那天有空的话一起去吧”这样的话来敲定约会，到了当天再说“对不起，没能拿到票。不过这附近有家餐厅很美味，我请你去吃吧，顺便赔罪”来直接越过原来的主题。

比起垂头丧气直接回家，对方也更愿意先吃顿大餐再回去。这样一来，消除认知不和谐的心理就占了上风。

但是需要多加注意的是，最开始提出的诱饵不能在吸引力上差距过大，否则会严重伤害对方的感情。

想尽办法也要制造契机时

◆ 强调免费来吸引顾客

“免费教你提高餐厅营业额的诀窍！来参加吧！”

→讲授的内容单薄，只是为了推销咨询合同。

◆ 许愿前景来招揽人才

“在本公司工作满三年可以升为经理。你觉得怎么样？”

→其实只有部分人可以。

◆ 用夸张的广告来聚集人气

“只需这个价格就可以住在欧洲名牌酒店！很便宜吧？”

→只不过是普通的旧酒店。

“游乐场和动物园，想去哪个？”

47 误前提暗示

不想给对方拒绝的选项时
——若无其事地提出“最终选项”

本书中多次提到发问具有束缚对方思维的效果，本节讲解的就是这方面的典型案例。

那么先来看看实例吧。一位男性正在邀请一位女性与他约会。

男：“最近，熟人给我介绍了两家很不错的餐厅。据说不但味道不错，环境也很优雅，性价比也高。”

女：“不错哦，找机会去试试。”

男：“是吧……说起来，周六晚上有空吗？”

女：“有空，怎么了？”

男：**“黑豚料理和泰国菜，你想去哪一家？”**

女：“我选泰国菜！”

男：“和我一样。那就说好了哦。”

用这样的对话很自然地把约会安排好了。本例中男性的发问术有两个要点值得借鉴。

首先是借助闲聊的方式提出餐厅的话题，在对方说“找机会去试试”且尚未建立起心理防线之时，询问她周六晚上是否有空。这样一来，女性就没法拿没时间当借口了。

另外值得借鉴的一点就是本节的主题，邀约之时不问“约会去不去”，而是以约会成形为前提问“吃黑豚料理还是泰国菜”，即所谓不经意间提出“最终选项”。由于完全没有给出对方不去约会的选项，相当于给对方的思维加上了屏蔽网。

直觉敏锐的女性听到他这么问可能马上就会吐槽，“你是说约会吗？”“我没有选择权吗？”“怎么觉得你问得好狡猾”等等。

不过至少我们没有向对方抛出“能跟我约会吗？”这样沉闷的问题，气氛也会愉快得多。而且从女性的角度讲，当面说了“想去”，也更容易给自己没有拒绝对方的心理暗示。

何况要是女性本来就对男性有好感，则更不会觉得难为情，自然而然就促成了约会。

这种有意限定发问前提的方法就叫作“误前提暗示”。

“到地方工作还是降薪去总公司，你选哪个？”

“打扫浴室还是洗碗，你想干哪一个？”

这些也属于误前提暗示。

后 记

“操控他人”这种说法听起来就会有让人兴奋刺激的感觉，而沟通原本就是构成社会（community）的人与人之间在互相给予刺激的同时，为了能够和谐发展而形成的一种手段。

如果自己的话语让对方完全无动于衷，或者根本不会对他的想法产生影响，那么沟通这种手段是不会发展到现在的。

言语具有伟大的力量。

作为会话专家，我们的目标是帮助各位最大限度地活用、巧用言语的力量，但绝不是滥用其做坏事。由衷希望借助言语的力量能让我们的社会更加和谐，也更具有活力。

最后，本书之所以比一般作品涉及的领域要广泛很多，离不开作家乡和贵先生的帮助。在此再次向他表示谢意。

樱井弘话术研究所所长　樱井弘

作者简介

樱井弘（さくらい　ひろし　Sakurai Hirosi）

出生于东京都港区，樱井弘话术研究所董事长，话术研究所顾问。

与沟通相关的研究、演讲，他都亲力亲为，足迹遍及制药、金融、服务、IT 等领域的民营企业，以及人事院、各省厅、自治大学校、JMA（日本气象厅）等政府机构、团体。他建立了 1000 个以上的培训点，惠及 10 万人。

他最近的著作包括《瞬间记录成年人需知晓的事物说法》（永冈书店），《越聊越起劲的，是你还是对方？》（WANI BOOKS），《男人通过话术做决定》（Forest 出版）等。